Muḥammad al-Muwayliḥī

Die Erzählung des ʿĪsā ibn Hišām. Die zweite Reise

MUSLIMISCHE WELTEN

EMPIRISCHE STUDIEN ZU GESELLSCHAFT, POLITIK UND RELIGION

Band 7

ERGON VERLAG

Muḥammad al-Muwayliḥī

Die Erzählung des ʿĪsā ibn Hišām. Die zweite Reise

Aus dem Arabischen übersetzt von

Yasemin Gökpinar und Kameran Hudsch

ERGON VERLAG

Bibliografische Information der Deutschen Nationalbibliothek
Die Deutsche Nationalbibliothek verzeichnet diese Publikation in der Deutschen Nationalbibliografie; detaillierte bibliografische Daten sind im Internet über http://dnb.d-nb.de abrufbar.

Umschlaggestaltung: Jan von Hugo
Satz: Thomas Breier, Ergon-Verlag GmbH

www.ergon-verlag.de

ISBN 978-3-95650-025-1
ISSN 1869-9049

Inhaltsverzeichnis

Vorwort

Manchmal entspringt einem Hauptseminar mehr als nur die eine oder andere Hausarbeit. So geschah es im Seminar „Deutsch als Zielsprache für arabische Literatur – Wege und Herausforderungen des literarischen Übersetzens", das im Sommersemester 2005 von Prof. Dr. Stefan Reichmuth an der Ruhr-Universität Bochum abgehalten wurde. Neben der Übersetzung von Gedichten und Prosa mit dem Schwerpunkt auf der *nahḍa* standen auch Auszüge aus der *Zweiten Reise* des Romans *Fatra min az-zamān aw ḥadīṯ ʿĪsā ibn Hišām* von Muḥammad al-Muwayliḥī auf dem Semesterplan. In diesem frühen arabischen Roman prallen die Sichtweisen von Orient und Okzident aufeinander. Die sozialkritischen, modern anmutenden, teilweise komischen Kommentare der drei Ägypter, die die Weltausstellung in Paris um 1900 besuchen, führten zu manch fröhlicher Seminarssitzung. Zwei Studenten fanden diesen Text literarisch und inhaltlich so ansprechend, dass sie sich dazu entschlossen, ihn zu übersetzen.

Die Übersetzungsphasen, die sich workshopartig bis ca. 2008 hinzogen, haben sich unserer Ansicht nach gelohnt: Wir haben um jedes Wort gerungen, die literarischen Bilder genossen und hoffen nun, dass der Übersetzung ein wenig dieser intensiven Beschäftigung anzumerken ist.

Wir möchten an dieser Stelle vor allem Prof. Dr. Reichmuth für sein Seminar, die Textauswahl und seinen Humor bei den Übersetzungen danken. Seine Ermutigung führte schließlich dazu, dass wir das Projekt angingen und zu Ende führten, auch ohne zu wissen, wo, wann und ob *Die zweite Reise* veröffentlicht würde.

Umso mehr freuen wir uns, dass der Ergon-Verlag sich ihrer annahm. Ein ganz herzliches Dankeschön gilt daher Dr. Hans-Jürgen Dietrich für sein Engagement und die schöne Ausstattung des Buches.

Bochum, Januar 2014

Yasemin Gökpinar
und Kameran Hudsch

Einleitung

Spätestens seit der Frankfurter Buchmesse 2004, auf der die „arabische Welt" zu Gast war, sind deutsche Übersetzungen aus dem Arabischen keine Exoten mehr in den Buchhandlungen; die arabische Literatur der Gegenwart wird immer bekannter. Dabei finden jedoch Werke des 19. und frühen 20. Jahrhunderts im Allgemeinen weniger Beachtung. Umso größer ist das Verdienst des *Lexikons arabischer Autoren des 19. und 20. Jahrhunderts* von Khalid Al-Maaly und Mona Naggar[1], in dem gerade diese Zeit gewürdigt wird. Doch Muḥammad al-Muwayliḥī, der Autor eines der ersten arabischen Romane, bleibt auch in diesem Lexikon unberücksichtigt. Diese Frühzeit, die durch aufkommenden Nationalismus, ein Wiedererwachen der klassisch-arabischen Literaturgattungen (arab. *an-Nahḍa*) und einem Interesse an bildungs- und gesellschaftspolitischen Themen geprägt ist, legte den Grundstein für literarische Entwicklungen, wie z. B. die Adaption des europäischen Romans. Einer der frühesten Vertreter arabischer Schriftsteller dieser Zeit ist der Azhar-Scheich Rifāʿa aṭ-Ṭahṭāwī (1801-1873), der von Muḥammad ʿAlī beauftragt wurde, eine Studienreise nach Paris seelsorgerisch zu begleiten. Dort erhielt er eine „moderne Ausbildung mit einem geisteswissenschaftlichen Schwerpunkt"[2], die auch narrative französische Literatur einschloss. Schließlich ist infolgedessen ein berühmter Reisebericht entstanden, in dem der Autor sowohl den Gegenstand seiner Ausbildung darlegt, aber auch seine Beobachtungen zu ‚Land und Leuten' festhält.[3] Daneben experimentierten auch andere Autoren mit alter arabischer Tradition und den neu gewonnenen Eindrücken europäischer Literaturformen. Der zweiteilige Roman *Ḥadīṯ ʿĪsā ibn Hišām (Die Erzählung des ʿĪsā ibn Hišām)* von Muḥammad al-Muwayliḥī (1858-1930) ist hier ebenfalls zu verorten.

Inhalt

Rückblende: Der erste Teil beginnt mit dem Traum ʿĪsā ibn Hišāms von der Auferstehung eines ehemaligen Kriegsministers unter Muḥammad ʿAlī Pascha während eines nächtlichen Spaziergangs über einen Kairoer Friedhof. Nachdem der greise Pascha wegen eines Streites mit einem Eseltreiber die Gepflogenheiten auf

---

1 Khalid Al-Maaly und Mona Naggar *Lexikon arabischer Autoren des 19. und 20. Jahrhunderts*, Heidelberg: Palmyra, 2004.

2 Andrea Haist: *Der ägyptische Roman. Rezeption und Wertung von den Anfängen bis 1945*, Wiesbaden: Reichert, 2000, S. 144. Zu den genaueren Inhalten s. ebenda, S. 145.

3 Karl Stowasser (Hrsg.): *Ein Muslim entdeckt Europa. Bericht über seinen Aufenthalt in Paris 1826-1831*, Beck: München, 1989. Zu Reiseberichten im 18. Jahrhundert und zu aṭ-Ṭahṭāwī im Speziellen Ralf Elger: „Arabic Travelogues from the Mashrek 1700-1834. A Preliminary Survey oft he Genre's Development", in: Christian Szyska und Friederike Pannewick (Hrsg.): *Crossing and Passages in Genre and Culture*, Wiesbaden: Reichert, 2003, S. 27-40.

einer Polizeiwache kennenlernen und eine absurde Gerichtsverhandlung erleben muss, beschließt ʿĪsā, bei ihm zu bleiben, um seine Ansichten über die Veränderungen der ägyptischen Gesellschaft seit den fünfzig Jahren seines Todes zu erfahren. Die Abenteuer, die das ungleiche Paar erlebt, führt es von der Welt der ägyptischen Justiz in die der Medizin, der Religion, der Notabeln und der Beamten, von Vergnügungsstätten zu kulturellen Einrichtungen. Am Ende des ersten Teils kommt man überein, die westliche Zivilisation näher kennenlernen zu wollen. Hierzu reisen die beiden zusammen mit dem „Freund" nach Paris.

> „Unter den Sehenswürdigkeiten ist er die kostbarste Perle, der strahlendste Stern, der erhabenste Berg und der stolzeste Gipfel. Er ist ein Wunder der Baukunst und Präzision und trotz seiner Reife die unberührte Jungfrau dieser Messe."

Diese Worte lässt Muḥammad al-Muwayliḥī seinen Erzähler ʿĪsā ibn Hišām ehrfürchtig angesichts des Eiffelturms sagen.

Im zweiten Teil des Romans, *ar-Riḥla aṯ-ṯāniya (Die zweite Reise)*, besuchen die Ägypter ʿĪsā, der „Pascha" und der „Freund" die Pariser Weltausstellung von 1900, wobei sie sich von einem französischen Orientalisten, dem „Philosophen", führen lassen und zusammen über die Vorzüge und Nachteile der französischen Zivilisation gegenüber der ägyptischen diskutieren. Dabei kommen ebenso das Pariser Lichtermeer bei Nacht und der immense Verkehr zur Sprache, wie auch der Export europäischer „Zivilisation" nach China, stellvertretend für die Politik der Kolonialmächte. Auf der Weltmesse werden die Gefährten von der Statue Mariannes, der Symbolfigur Frankreichs, empfangen. Nach der Besichtigung des Petit Palais und dem Staunen über die schönen Ausstellungsstücke, wird die Frage aufgeworfen, warum die Araber nicht solch ein Gespür für Kunst und ihre Bewahrung für die Zeit haben. Außerdem werden die Profitgier der Aussteller einerseits und die enormen Kosten der Messe im Zusammenhang mit der Fehlkalkulation und dem damit einhergehenden finanziellen Verlust andererseits erörtert. Im Grand Palais stehen die vier Messebesucher begeistert vor den Gemälden und wundern sich gleichzeitig über die Künstler, die zwar Millionen verdienen, ihr Äußeres jedoch vernachlässigen. Das Posieren nackter Models vor den Malern empfinden die arabischen Gäste als schändliche Praxis. Umso mehr genießen sie die prächtigen Gartenanlagen mit Pflanzen aus der ganzen Welt. Sie besuchen das Spiegelkabinett und reagieren empört über die maßlose Übertreibung eines Politikers, der versprach, den Mond auf eine Entfernung von einem Meter optisch sichtbar zu machen, aber nur eine Projektion auf eine Entfernung von 70 km realisieren konnte. Eine Tanz- und Ballettvorführung gibt dazu Anlass, den Tanz, insbesondere den Bauchtanz, als niedere Vergnügung zu verdammen, gleichzeitig aber auch seinen Ursprüngen nachzuspüren. Dagegen wird das natürliche Leben, das im Schweizer Dorf ausgestellt wird, ohne Vorbehalt gelobt. Hier wird die naive Nostalgie der Ägypter deutlich. In der ägyptischen Ausstellung haben sie vollends den Höhepunkt ihrer Kritik erreicht. So schämen sie sich für den Schauspieler eines Dorfgelehrten, der seinen kleinen „Schülern" den Koran durch körperliche Züchtigung einbläut, und zwar, weil er sich zu diesem Job bereit erklärt hat; und nicht etwa, weil die Unterrichtsmethode mehr als fragwürdig erschiene! Auch den Anblick eines kleinen Mädchens mit amputierten Armen, das mit den Füßen spinnt, ertragen die Ägypter nicht. Nach der Aufregung über ihr eigenes Land finden sich ebenfalls nur negative Worte für die ausgestellten Kohle- und Goldminen sowie für die Waffengießerei: Die ausbeuterischen Arbeitsbedingungen der Bergleute stünden in keinem Verhältnis zum Gewinn der Bergwerkbetreiber. Allerdings werden sozialistische Gedankenansätze des „Freundes“ schnell abgewürgt. Darüber hinaus wird die Zerstörungswut des Menschen beklagt:

> „Verflucht sei der Mensch! Wie rebellisch und hässlich sein Werk ist! Er lässt Millionen Arbeiter in die tiefsten Schichten der Erde fallen. So zerstören sie deren Inneres, um daraus das zu fördern, womit sie deren Oberfläche zerstören.“

Zusammen mit dem vorausgegangenen Unfall – eine Brücke ist eingestürzt und hat Hunderte von Besuchern unter sich begraben – treten die negativen Auswirkungen der „Zivilisation“ deutlich zutage.

Die Besteigung des Eiffelturms als „achtes Weltwunder“ krönt den Rundgang durch die Messe und gibt Anlass, die antiken Weltwunder als Beispiele für die Vergänglichkeit menschlichen Wirkens anzuführen. Nachdem die drei Ägypter im Anschluss eine Zeitlang die Lebensweise aller sozialen Klassen von Paris kennengelernt haben und der Winter eingebrochen ist, machen sie sich wieder auf den Rückweg in ihr Heimatland. Ihre Erkenntnis lautet:

> „Tragt die Vorzüge des Abendlandes ins Morgenland, aber haltet an euren schönen Sitten und Gebräuchen fest!“

Entstehungsgeschichte

Ursprünglich handelt es sich bei dem Werk um eine Sammlung einzelner sozialkritischer, teilweise satirischer Leitartikel von Muḥammad al-Muwayliḥī[4] in der ägyptischen Wochenzeitung *Miṣbāḥ aš-šarq (Die Lampe des Ostens),* die Muḥammad zusammen mit seinem Vater Ibrāhīm 1898-1903 herausgab. Inhaltlich orientierte sich die Zeitung der beiden Muwayliḥīs stark am Panislamismus, der alle

---

4 Vgl. Roger Allen: „al-Muwayliḥī“, in: *EI²*, Bd. 7, Leiden 1993, S. 813-815; ders.: *A Period of Time* [A Study and Translation of Ḥadīṯ ʿĪsā ibn Hishām by Muḥammad al-Muwayliḥī], Reading: Ithaca, 1992, S. 1-14; ders.: „Muhammad al-Muwaylihī“, in: ders. (Hrsg.): *Essays in Arabic Literary Biography 1850-1950,* Wiesbaden: Harrassowitz, 2010, S. 236-243; ders.: „al-Muwayliḥī, Muḥammad“, in: Julie Scott Meisami, Paul Starkey (Hrsg.): *Encyclopedia of Arabic Literature,* Bd. 2, London, New York: Routledge, 1998, S. 566-567; Werner Ende: *Europabild und kulturelles Selbstbewusstsein bei den Muslimen am Ende des 19. Jahrhunderts, dargestellt an den Schriften der beiden ägyptischen Schriftsteller Ibrahim und Muhammad al-Muwailihi,* Hamburg 1965 (Diss.), S. 21-29; P. J. Vatikiotis: *The History of Modern Egypt. From Muhammad Ali to Mubarak,* London: Weidenfeld and Nicolson, 1991, S. 233-235; Jaakko Hämeen-Anttila: *Maqama. A History of a Genre,* Wiesbaden: Harrassowitz, 2002, S. 409.

muslimischen Länder vereinen und von der britischen Administration befreien sollte, und war pro-osmanisch. Die nationalistischen Bestrebungen der Zeit, die sie bis zum Misserfolg des ᶜUrābī-Aufstandes noch unterstützten, lehnten sie zunehmend zugunsten des Panislamismus ab.[5] Zu den politischen Interessen der Hauptvertreter des Reformislams, Ǧamāl-ad-Dīn al-Afġānī (1838-1897) und seinem Schüler Muḥammad ᶜAbduh (1849-1905), hatten die Muwayliḥīs eine nicht ganz eindeutige Meinung. Zwar bewegten sich beide Muwayliḥīs in den von al-Afġānī beeinflussten, intellektuellen Kreisen, aber von dessen Schüler und vor allem von dessen Einstellung zur Zusammenarbeit mit den Engländern distanzierten sie sich später,[6] und dies, obwohl Ibrāhīm al-Muwayliḥī zuvor noch zusammen mit al-Afġānī eine ausgesprochen englandfreundliche Politik verfolgt hatte.[7] Persönlich schienen sie eng miteinander befreundet zu sein, vor allem mit al-Afġānī. Jedenfalls erwähnt Muḥammad al-Muwayliḥīs in seiner Widmung im *Ḥadīṯ ᶜĪsā ibn Hišām* ausdrücklich beide, Lehrer und Schüler. Zudem zeugt ein in dieser Widmung abgedruckter Brief al-Afġānīs an den Autor von der Freundschaft zwischen den Männern.[8]

Neben literarischen Artikeln über die Politik in Istanbul und Ägypten fanden sich in der Zeitung aber auch klassisch-arabische Gedichte und Prosa sowie Literaturkritik. Hierin äußerte sich ein Faible der Muwayliḥīs, das sie in Ibrāhīm al-Muwayliḥīs literarischem Zirkel, der *Ǧamᶜiyyat al-maᶜālim,* auslebten, „deren Ziel es war, das literarische Leben, die Pflege der ᶜArabīya und die Verbreitung klassischer Werke zu fördern".[9]

Die Artikel des ersten Teils des Romans wurden wöchentlich mit einigen Unterbrechungen jeweils unter dem Namen *Fatra min az-zamān (Eine Zeitspanne)* von 1898 bis 1900 publiziert;[10] die des zweiten Teils mit weiteren Unterbrechungen bis 1902. Trotz akribischer Überarbeitung – die tagespolitischen Bezüge wurden entfernt und die Artikel miteinander verbunden[11] – verweisen noch ein relativ loser Handlungsstrang und eine Fülle an Informationen auf diese literarische Vergangenheit des Romans.[12]

An den eingangs erwähnten Reisebericht von aṭ-Ṭahṭāwī erinnert al-Muwayliḥīs Roman insofern, als dass er ebenso die Eindrücke eines Ägypters von der

---

5 Ende: *Europabild,* S. 45.
6 Ebenda, S. 51, Fußnote 1.
7 Ebenda, S. 16-18.
8 Übersetzung bei Allen: *A Period of Time,* S. 101-102.
9 Ebenda, S. 8. Vgl. auch die *Ǧamᶜiyyat al-Maᶜārif,* gegr. 1868, die ähnlichen Zielen diente ("to spread culture and education via writing, translation and publishing") und in der auch Ibrāhīm al-Muwayliḥī bereits Mitglied war (Vatikiotis: *The History of Modern Egypt,* S. 103).
10 Für eine Zusammenfassung des ersten Teiles des Romans s. Ende: *Europabild,* S. 62-65. Darin kritisieren die drei Ägypter die Zustände in ihrer Heimat Ägypten.
11 Ebenda, S. 61-62.
12 Die einzelnen Auflagen von 1907 bis 1927 und weitere Auflagen bis 1964 werden ebenfalls dort genannt, ebenda, S. 61 und Fußnote 3. Vgl. auch Allen: *A Period of time,* S. 35-44.

Moderne am Beispiel Frankreichs beschreibt, wobei aṭ-Ṭahṭāwī begeistert alle Errungenschaften Europas lobt, al-Muwayliḥī sie jedoch kritisch hinterfragt. Die teils von den „Ausländern" in Ägypten ausgehenden, teils ureigenen ägyptischen gesellschaftlichen Zustände werden durch Ironie, manchmal sogar bissigem Sarkasmus an den Pranger gestellt. Hierzu gehört z. B. die Kritik an der ungleichen Behandlung von Ägyptern und europäischen Ausländern in der Rechtsprechung im ersten Teil des Romans oder die Verantwortungslosigkeit bei der finanziellen Planung der Weltausstellung in der hiesigen *Zweiten Reise*.

Dabei erhob die Weltausstellung den Anspruch, eine „internationale Demonstration der technischen, wissenschaftlichen und überhaupt kulturellen Errungenschaften der Moderne und als solche eine Art Summe des ganzen Jahrhunderts" zu sein.[13] Neben den Fortschrittsgedanken trat als zweites dominantes Thema der Frieden und das friedliche Zusammentreffen zur Ausstellung, was vor allem angesichts der Anwesenheit zweier Länder erstaunt; dies waren das „kriegserschütterte Transvaal ebenso wie das kriegsbedrohte China".[14] Andererseits stand den Franzosen der deutsch-französische Krieg von 1870/71 noch deutlich vor Augen,[15] auch wenn die beiden Länder ihre nunmehr friedvolle Koexistenz betonten.[16] Wurde von der internationalen Presse die französische Kunst besonders hervorgehoben, so trug Deutschland mit seinen Maschinen entscheidend zu dem Schwerpunkt „Fortschritt" bei,[17] auch wenn Krupp der Ausstellung fernblieb.[18] Auf einem ausgelagerten Areal wurden in der Maschinenhalle internationale Eisenbahnen, Fahrzeuge und riesige Dampfdynamomaschinen nebst einem „Teilstück der Wuppertaler Schwebebahn" ausgestellt.[19] Als Ausstellungshighlights waren „die neue Seine-Brücke (*Pont Alexandre III*) und die beiden Kunstpaläste (*Grand Palais* und *Petit Palais*) zu bewundern, an technischen Neuerungen zum Beispiel die erste Linie der Untergrundbahn (*Métropolitain*) oder die elektrische Stadtbeleuchtung".[20] Natürlich war die Weltausstellung auch eine Demonstration von Macht, was sich nicht nur in den ausgestellten Maschinen, sondern

13 Ulrich Mölk: „Die Pariser Weltausstellung in der *Revue franco-allemande*, der *Revue des deux mondes* und dem *Mercure de France*", in: Ulrich Mölk und Heinrich Detering (Hrsg.): *Perspektiven der Modernisierung. Die Pariser Weltausstellung, die Arbeiterbewegung, das koloniale China in europäischen und amerikanischen Kulturzeitschriften um 1900*, Berlin, New York: De Gruyter, 2010, S. 15.

14 Ebenda, S. 16.

15 Vgl. Alke Brockmeier: „Die Pariser Weltausstellung in deutschen Kulturzeitschriften", in: Mölk, Detering (Hrsg.): *Perspektiven der Modernisierung*, S. 30.

16 Eine versöhnliche Geste von deutscher Seite bestand darin, „aus kaiserlichem Privatbesitz [...] mehrere Gemälde von [...] französischen Malern des 18. Jahrhunderts" auszustellen (Mölk: „Die Pariser Weltausstellung in der *Revue franco-allemande*", S. 20-21).

17 Daniel Göske: „‚The beautiful Mecca of a peaceful invasion': Die Pariser Weltausstellung von 1900 in britischen und amerikanischen Kulturzeitschriften", in: Mölk, Detering (Hrsg.): *Perspektiven der Modernisierung*, S. 49.

18 Brockmeier: „Die Pariser Weltausstellung in deutschen Kulturzeitschriften", S. 32.

19 Göske: „‚The beautiful Mecca of a peaceful invasion'", S. 43.

20 Mölk: „Die Pariser Weltausstellung in der Revue franco-allemande", S. 15.

auch in dem den Kolonien vorbehaltenen Teil äußerte, der zur Hälfte aus französischen Kolonien bestand.[21] Diese Kolonialausstellung verkörperte geradezu die nationalistischen Gefühle der teilnehmenden Kolonialmächte.

Als Ziel der *Zweiten Reise* bot sich die Pariser Weltausstellung aus verschiedenen Gründen an. Mittlerweile gaben die Muwayliḥīs, wie oben beschrieben, den Franzosen vor den Engländern den Vorzug bezüglich politischem und kulturellem Einfluss. Außerdem waren die Bande zu Frankreich schon durch die von Muḥammad ʿAlī angeregten Bildungs- und Studienreisen geknüpft. Darüber hinaus war die Weltausstellung die ideale Bühne für die Themen, die Muḥammad al-Muwayliḥī literarisch behandeln wollte.

Seine Gesellschaftskritik folgt teilweise den Werken der Ägypter Fatḥī Zaġlūl über das Schulwesen in Frankreich, Deutschland und England[22] und des sonst unbekannten Muḥammad ʿUmar über die Missstände der ägyptischen Gesellschaft[23]. Beide suchen den Grund für die unerträglichen sozialen Zustände in ihrer Heimat in fehlender Bildung für Männer und Frauen und fordern entsprechende Reformen, was den Zielen der Muwayliḥīs durchaus entsprach. Doch die übertriebene Darstellung der angeblichen moralischen Unterlegenheit der Ägypter gegenüber den Engländern, die Zaġlūl in seinem Vorwort beschreibt, fand ihre Ablehnung.[24]

In Muḥammads *Ḥadīṯ ʿĪsā ibn Hišām* kommt auch ein ambivalentes Verhältnis zur Religion zum Ausdruck. Frauen, die „durch Qāsim Amīn's ‚Taḥrīr al-marʾa' [‚Befreiung der Frau', erschienen 1900] in den Mittelpunkt der Diskussion gerückt"[25] wurden, werden im Roman durchweg negativ beschrieben. Den Theologen wirft der Autor lapidar vor, sie verteidigten die *šarīʿa* nicht konsequent genug. Seiner konservativen Grundhaltung steht die positive Einstellung zur bildlichen Darstellung, zu Musik und Tanz gegenüber, wie sie aus der *Zweiten Reise* zu ersehen sind.

Inhaltlich bewegt sich der Roman also zwischen Reisebericht und journalistischer Gesellschaftskritik, im ersten Teil sind zudem Anklänge an einen Erziehungsroman zu erkennen. Doch die ‚Erziehung' des Paschas ist „bereits im 18. der insgesamt 40 Kapitel abgeschlossen..[26] Sie spielt in der *Zweiten Reise* keine Rolle mehr; gelegentliches Nachfragen des Paschas motiviert zwar die Dialoge,

---

[21] Brockmeier: „Die Pariser Weltausstellung in deutschen Kulturzeitschriften", S. 32.

[22] Edmond Demolins: *Sirr taqaddum al-Inkilīz as-Saksūniyyīn* [franz. Orig.: *A quoi tient la supériorité des Anglo-Saxons*], tarǧamahū min al-luġa al-faransiyya Aḥmad Fatḥī Zaġlūl, Kairo: Maktabat at-Taraqqī, 1899.

[23] Muḥammad ʿUmar: *Kitāb Ḥāḍir al Miṣriyyīn aw sirr taʿaḫḫurihim* [Die Gegenwart der Ägypter oder das Geheimnis ihres Rückstandes], Kairo: al-Maktab al-Miṣrī, 1998 [Nachdruck von 1902]. Zu ihm und dem zuvor genannten Aḥmad Fatḥī Zaġlūl vgl. auch Allen: *A period of time*, S. 25-28.

[24] Ende: *Europabild*, S. 50.

[25] Ebenda, S. 78.

[26] Ebenda, S. 64.

doch dessen Charakter wird innerhalb des Buches nicht mehr weiter entwickelt. Dafür gewinnen in *ar-Riḥla aṯ-ṯāniya* die Episoden um den Finanzierungsskandal der Weltausstellung, um nicht eingehaltene Politikerversprechen und um die Ausbeutung der Umwelt im heutigen Kontext an Aktualität.

*

Literarisch ist dieses Werk im Zusammenhang der Bemühungen um eine arabische Version der europäischen Romanform zu betrachten. Wurde die arabische Sprache als vollkommene Sprache des Korans und als Sprache höchster Dichtkunst gesehen, so fehlte ihr doch eine dem Roman vergleichbare Bühne gehobener Literatur. Mittelalterliche, wissenschaftliche Bücher, die ja Wissen transportieren wollten, bedienten sich oft eines einfachen, sachlichen Stils. Ihrer Intention gemäß fehlte ihnen damit der literarische, aber auch unterhaltende Charakter. Dagegen waren die Volksepen und Legenden um Baybars, Alexander den Großen u. a.[27] durch eine verständliche Sprache, die nahe am gesprochenen Arabisch blieb, mit ihrem abenteuerlichen oder romantischen Inhalt beim Volk beliebt. Gebildete Intellektuelle und Theologen kritisierten jedoch diese volkstümliche Abenteuer- und Heldenliteratur wegen ihres „harmful influence on Arabic style, morals, customs, virtues, and even on the mentality of the Arab reader".[28] Die klassische arabische Literatur war zum Vergnügen weniger Experten geworden.

Die arabischen Schriftsteller der Zeit fanden im Roman ein Ausdrucksmittel für die Nöte und Bedürfnisse ihrer Zeit und eine Form, die durch die Wiederbelebung arabischer Sprachkunst zu neuem Stolz auf das arabische Erbe verhelfen könne. Doch dem ersten ‚richtigen', d. h. realistischen ägyptischen Roman, der *Zaynab* von Muḥammad Ḥaykal (veröffentlicht 1913),[29] sollte eine gut hundertjährige Phase des Experimentierens vorangehen, während der die arabischen Schriftsteller auch andere Formen europäischer Literatur adaptierten, die sich gegenseitig beeinflussten.[30] Ihren Ausgang hatte diese Entwicklung im 19. Jahrhundert mit der Übersetzung europäischer Werke ins Arabische genommen, vor-

---

27 Vgl. Malcolm C. Lyons: *The Arabian Epic,* 3 Bde., Cambridge: University Press, 1995. Hier werden zehn bekannte Epen vorgestellt und analysiert.

28 Shmuel Moreh: „The Arabic Novel between Arabic and European Influences during the Nineteenth Century", in: Shmuel Moreh: *Studies in Modern Arabic Prose and Poetry,* Leiden u. a.: Brill, 1988, S. 88-115, hier S. 90.

29 Vgl. z. B. John A. Haywood: *Modern Arabic Literature 1800 to 1970. An Introduction with Extracts in Translation,* London: Lund Humphries, 1971, S. 136; Haist: *Der ägyptische Roman,* S. 275-340.

30 Zur Entwicklung des modernen arabischen Romans vgl. auch Stephan Guth: *Brückenschläge. Eine integrierte ‚turkoarabische' Romangeschichte (Mitte 19. bis Mitte 20. Jahrhundert),* Wiesbaden: Reichert, 2003; Matti Moosa: *The Origins of Modern Arabic Fiction,* Boulder, London: Lynne Rienner, [2]1997. Über eine erste „local Arabic narrative fiction, which represents an embryonic stage of the modern Arabic novel" Basiliyus Bawardi: „First Steps in Writing Arabic Narrative Fiction: The Case of Ḥadīqat al-Akhbār", in: *Welt des Islams,* 48 (2008), S. 190-194, hier S. 190.

nehmlich durch libanesische und syrische Christen. Gleichzeitig wurden im Libanon und in Ägypten mehrere, teilweise kurzlebige Zeitschriften gegründet. Damit entstand einerseits die Notwendigkeit, eine englischen und französischen Romanen angemessene arabische lange Form mit ansprechender Sprache zu finden. Diese lange Form wurde alsbald nicht nur für Übersetzungen, sondern auch für Nachahmungen des Gesellschaftsromans verwandt.[31] Andererseits entwickelten sich eine klare Ausdrucksweise und kleinere Formen für den journalistischen Gebrauch. Haywood nennt hier Polemik und Essay, dort den arabischen Roman; die Kurzgeschichte befindet sich stilistisch dazwischen, wie sich überhaupt beide Bereiche überschneiden, da die Zeitschrift oft das Medium der Wahl für die Veröffentlichung von Texten war, wie am Beispiel der *Zweiten Reise* zu sehen.

Es ist oft behauptet worden, Muḥammad al-Muwayliḥī sei maßgeblich an der Wiederentdeckung der *maqāma* für die Literatur der *nahḍa* beteiligt gewesen (nach Nāṣīf al-Yāziǧī (1800-71) und Aḥmad Fāris aš-Šidyāq (1804-87)).[32] Bei diesem Genre,[33] als deren Erfinder Badīᶜ-az-Zamān al-Hamaḏānī (979-1008)[34] gilt, handelt es sich ursprünglich um fiktive Dialoge, die im Bettlermilieu spielen und die die Freude an ausgefeilter Rhetorik, zahlreichen Wortspielen und ausgesuchter Wortwahl in Reimprosa *saǧᶜ* kleiden. Al-Hamaḏānī leitete seine *maqāmāt* mit den Worten ein: „ᶜĪsā ibn Hišām erzählte“, worauf al-Muwayliḥī mit denselben Worten am Anfang jedes Kapitels anspielt. Zudem enthielten diese kurzen Stücke al-Hamaḏānīs durchaus Kritik an der Gesellschaft insofern, als dass vom Freund des Erzählers berichtet wird, wie er durch in Wortwitz und geistreichen Scharfsinn gekleidete Kritik den Reichen ihr Geld abnimmt. Al-Muwayliḥī verwendet zwar nur zu Beginn jedes Kapitels Reimprosa, um die Szene einem Bühnenbild gleich vorzustellen, aber auch der Gebrauch eines wunderschönen klassischen Arabisch mit ausgesuchten Begriffen und Wortspielen erinnert an die *maqāma*-Tradition. Außerdem beginnt jedes Kapitel mit den Worten, die al-Hamaḏānī seinen *maqāmāt* voranstellt: *qāla ᶜĪsā ibn Hišām*.[35] Allerdings stellt Moreh heraus, dass hier die Gemeinsamkeiten auch schon aufhörten.[36] Die Verwendung von Reimprosa bietet sich durch die arabische Morphologie geradezu als gehobene Ausdrucksweise an und ist während der arabischen Literaturgeschichte immer wieder

---

31 Moreh: „The Arabic Novel“, S. 92.

32 Bei Moreh findet sich eine Liste (Moreh: „The Arabic Novel“, S. 104, Fußnote 51).

33 Vgl. Carl Brockelmann, Charles Pellat: „Maḳāma“, in: *EI²*, Bd. 6, Leiden 1991, S. 107-115; Hämeen-Anttila: *Maqama.*

34 Vgl. Régis Blachère: „al-Hamadhānī“, in: *EI²*, Bd. 3, Leiden 1971, S. 106-107; Wendelin Wenzel-Teuber: *Die Maqamen des Hamadhani als Spiegel der islamischen Gesellschaft des 4. Jahrhunderts der Hidschra,* Würzburg: Ergon, 1994. Zu Übersetzungen s. Al-Hamadhânî: *Vernunft ist nichts als Narretei. Die Maqâmen,* aus dem Arabischen vollständig übertragen und bearbeitet von Gernot Rotter, Tübingen: Erdmann, 1982; Al-Hamaḏāni (sic): *Maqāmāt (Séances),* choisies et traduites de l'arabe avec une étude sur le genre par Régis Blachère et Pierre Masnou, Paris: Librairie C. Klincksieck, 1957.

35 Moreh: „The Arabic Novel“, S. 105.

36 Ebenda, S. 108-109.

benutzt worden, wenn auch zu manchen Zeiten mehr.[37] Der streckenweise an Theaterdialoge mahnende Gebrauch schneller Sprecherwechsel ist ebenfalls nicht in den *maqāmāt* des Hamaḏānī zu verzeichnen.[38] Moreh macht dazu geltend, dass sich Muḥammad al-Muwayliḥī bei der Buchveröffentlichung um Kontinuität bemühte, damit die einzelnen Beiträge für *Miṣbāḥ aš-šarq* weniger zu erkennen sind.[39] Darüber hinaus führt Moreh inhaltliche Aspekte an, wie das phantastische Moment der Auferstehung des Paschas von den Toten zu Beginn des ersten Teils und die umfassende Sozialkritik, die eine Reise der Protagonisten bedingt, wobei Letzteres auch *für* die Anlehnung an die *maqāma* gelesen werden kann. Denn dass al-Hamaḏānī seinen Protagonisten umherreisen und die Gesellschaft bekritteln ließ, ist bekannt - wenn er auch noch keine Kolonisationspolitik kannte. Der Grund für die Einleitung jedes Kapitels mit den bekannten Worten al-Hamaḏānīs und somit für den so lange postulierten Bezug zu dessen *maqāmāt,* sei vielmehr der, dass al-Muwayliḥī seinem Werk einen seriösen Eindruck habe verschaffen und es von „popular literature"[40] habe absetzen wollen. Als Vorläufer und Rückbezug für *Ḥadīṯ ʿĪsā ibn Hišām* nennt Moreh zwei andere mittelalterliche Werke, Abū l-ʿAlāʾ al-Maʿarrīs *Risālat al-ġufrān* von 1032 und Ibn Šuhayd al-Andalusīs *Risālat at-Tawābiʿ wa-l-zawābiʿ* von 1025-1026.[41] Beide enthalten ein übernatürliches Element (Aufstieg auf einer Himmelsleiter zum Paradies bzw. Flug auf einem Pferd), wie auch andere Autoren der *Nahḍa* diesen Kniff anwandten, um ihren kritischen Bemerkungen aus der Distanz einer übernatürlichen Situation heraus freien Lauf lassen zu können.[42]

Anders als die christlichen Schriftsteller, die relativ ungezwungen mit der arabischen Sprache und neuen Formen umgingen, waren viele muslimische Autoren wie Muḥammad al-Muwayliḥī von der Vollkommenheit der arabischen Sprache und ihrer überlegenen Ausdrucksvielfalt überzeugt. Sie wollten das reiche Erbe arabischer Literatur in die moderne Zeit tragen und gleichzeitig die Flexibilität klassischer Formen demonstrieren. So griff al-Muwayliḥī für seinen *Ḥadīṯ ʿĪsā ibn Hišām* offensichtlich auf die *risāla* und die *maqāma* bzw. die arabische Reimprosa zurück.[43] Kombiniert mit seinem Wissen über die Antike (die sieben Weltwunder, griechische Autoren), über das Leben im ‚Westen', englische und französi-

37 Außer Muḥammad al-Muwayliḥī bedienten sich auch andere moderne arabische Autoren „creatively" der *maqāma*-Form, wie z. B. Aḥmad Fāris aš-Šidyāq (gest. 1887), Ḥāfiẓ Ibrāhīm (gest. 1932) und Bayram at-Tūnisī (gest. 1961) (Hämeen-Anttila: *Maqama,* S. 358).

38 Hämeen-Anttila: *Maqama,* S. 108.

39 Ebenda, S. 106.

40 Moreh: „The Arabic Novel", S. 109.

41 Ebenda, S. 106.

42 Ebenda, S. 106-107.

43 Hämeen-Anttila beschreibt die Bedeutung der *maqāma* folgendermaßen: „For these authors [of early modern Arabic literature], the maqama was not a model to be followed as closely as possible, but a vague background from which to create new literature" (Hämeen-Anttila: *Maqāma,* S. 358).

sche Kolonialpolitik, sogar Ereignisse in China und mit kritischem Blick für soziale, politische und ökologische Missstände, aber auch zivilisatorische Errungenschaften stellt Muḥammad al-Muwayliḥīs *Ḥadīṯ ʿĪsā ibn Hišām* mehr als nur einen frühen Versuch dar, den der arabischen Literatur fremden, neuzeitlichen Roman mit dem reichen Erbe der klassisch-arabischen Literatur verschmolzen als Gattung zu etablieren. Ende nennt dieses Werk den „ersten bedeutenden Roman in der neuarabischen Literatur".[44]

Zur Übersetzung

Mit den beiden Muwayliḥīs beschäftigt sich Werner Endes Dissertation von 1965: *Europabild und kulturelles Selbstbewusstsein bei den Muslimen am Ende des 19. Jahrhunderts, dargestellt an den Schriften der beiden ägyptischen Schriftsteller Ibrahim und Muhammad al-Muwailihi.*[45] Darin stellt Ende nicht nur Vater und Sohn biographisch dar, sondern zeigt auch die Bezüge ihrer Biographien zu ihren Schriften auf und bettet sie in die politischen Geschehnisse der Zeit ein. Beide Teile des Romans *ʿĪsā ibn Hišām* fasst er zwar inhaltlich zusammen, doch übersetzt werden sie nicht.

Die erste Übersetzung in eine europäische Sprache stammt von 1992, nämlich ins Englische. Allerdings ist zuerst nur der erste Teil erschienen: Roger Allen: *A period of time. Part one. A study of Muḥammad al-Muwayliḥī's Ḥadīṯ ʿĪsā ibn Hišām.*[46] Mittlerweile gibt es zwar eine französische Gesamtübersetzung in zwei Teilen.[47] Dennoch ist der Text, besonders der des zweiten Teiles, in Europa, vor allem aber in Deutschland kaum bekannt. Die hier vorgestellte Übersetzung soll diese Lücke zumindest teilweise füllen.

Die *saǧʿ*-Passagen wurden dabei nicht in deutsche Reimprosa übertragen, sondern setzen sich formal durch die Verwendung des Präsens im ansonsten in die Vergangenheit übersetzten Roman ab. Die Sätze werden durch Rhythmisierung und Assonanzen bzw. Alliterationen der arabischen Sprache al-Muwayliḥīs nachempfunden. Die Gedichte als elementarer Bestandteil des Stils des Autors bleiben ebenfalls nicht unübersetzt und sind an ihrer zentrierten Darstellung zu erkennen.

Die hiesige Übersetzung wurde anhand der letzten Bearbeitung Muḥammad al-Muwayliḥīs angefertigt, sie folgt also einem Nachdruck der vierten Ausgabe von 1927, nämlich der neunten Auflage von 1964.

---

44 Ende: *Europabild,* S. 61.

45 S. o. Fußnote 4.

46 S. o. ebenda.

47 Mohammad Muwaylihî: *Ce que nous conta 'Îsâ Ibn Hichâm. Chronique satirique d'une Égypte fin de siècle,* traduit de l'arabe par Randa Sabry, Clichy: Editions du Jasmin, 2005; Mohammad Muwaylihî: *Trois Egyptiens à Paris. Suite de Ce que nous conta 'Issâ Ibn Hichâm,* traduit de l'arabe par Randa Sabry, Clichy: Editions du Jasmin, 2008.

Zu den Übersetzern

Die Übersetzer Yasemin Gökpinar und Kameran Hudsch haben ihr Studium als Magistra Artium bzw. Master im Fach Orientalistik (Ruhr-Universität Bochum) absolviert. Letzterer arbeitet als freiberuflicher Übersetzer und Dozent für Arabisch am Landesspracheninstitut Arabicum (Bochum), erstere promoviert in Orientalistik an der Ruhr-Universität Bochum über Sängersklavinnen im arabisch-islamischen Mittelalter.

(Yasemin Gökpinar)

Paris

ʿĪsā ibn Hišām sagte: Gepriesen sei derjenige, ohne dessen Bestimmung nichts geschieht. Nichts wird in die Tat umgesetzt, ohne dass er es erleichtert. So verhalf uns Gott zu einer Reise in die europäischen Länder, um die Stätte der westlichen Zivilisation zu besichtigen. Wir legten eine lange Reise zurück, bis wir in der Stadt Paris ankamen. Wir begannen, durch ihre Hauptstraßen und über ihre Plätze zu laufen.

Weder die Stämme, wenn sie einberufen werden und herzueilen; noch die Heere, wenn sie sich zusammenscharen und mobilisiert werden; noch die Toten, wenn sie auferweckt werden; oder die Geschöpfe, wenn sie am Jüngsten Tag versammelt werden, gleichen dem, was die Leute an Dichte und Gedränge, an Getümmel und Zusammendrang in Paris erfahren.

Sie strömen dahin wie ein Sturzbach unter Laternen, die das Wunder der Nacht löschen, so dass es keine Nacht mehr gibt. Man fürchtet um seine Augen, dass sie durch das grelle Licht nachtblind würden. Selbst die Hähne könnten sich täuschen und krähen, um die Morgendämmerung anzukündigen.

Schaut man auf die Straße von oben hinunter, wäre es nicht übertrieben, wenn man sagte, sie sei ein wogendes Meer, dessen Ufer aus Licht seien. Schaut man jedoch von unten hinauf, denkt man an einen Vogelschwarm über der Wüste, der in die Atmosphäre hinaufsteigt, zwischen leuchtenden Planeten aus elektrischen Kugeln.

Die Häuser auf beiden Seiten überragen die Wolken und versuchen den Himmel zu erreichen. Sie sind schön und hochgewachsen und aneinandergereiht, als wären sie in ihrer Symmetrie Zeilen unserer Schrift und als wären die Blumen an ihren Wänden Punkte und Vokalzeichen. Was ist dagegen das, was Hāmān dem Pharao erbaute![1] Und das, was die Dschinnen Salomons für ihn errichteten[2] und was Sinimmār dem Nuʿmān baute![3] Denn wie kann man die Berggipfel von

---

1 Vgl. Koran 28, 38 und 40, 36 f. Hāmān, Pharaos Ratgeber, sollte für Pharao einen hohen Turm bis zum Gott Moses hinauf errichten. Wie diese Episode textgeschichtlich mit dem Buch Esther als auch mit der Geschichte um den Turmbau zu Babel verwandt ist, ist noch unbekannt (Vgl. G. Vajda: „Hāmān", in: *EI²*, Bd. 3, Leiden 1971, S. 110, J. G. Wensinck, G. Vajda: „Firʿawn", in: *EI²*, Bd. 2, Leiden 1965, S. 917-918).

2 Vgl. Koran 34, 13. Salomon hatte Gewalt über die Dschinnen und ließ sie allerhand für ihn bauen (Vgl. J. Walker, P. Fenton: „Sulaymān b. Dāwūd", in: *EI²*, Bd. 9, Leiden 1997, S. 822-824).

3 Sīnnīmār war der Architekt des Nuʿmān, der auf Veranlassung des Sassanidenkönigs Yazdgerd I. zu Beginn des fünften Jahrhunderts das Schloss Ḫawarnaq in der Nähe von Ḥīra erbaute (*The History of al-Ṭabarī. Vol. V. The Sāsānids, the Byzantines, the Lakhmids, and Yemen,* translated and annotated by C. E. Bosworth, New York 1999, S. 75-76; Abū Ǧaʿfar Muḥammad ibn Ǧarīr aṭ-Ṭabarī: *Taʾrīḫ ar-rusul wa-l-mulūk,* unter dem Titel *Annales quos scripsit Abu Djafar Mohammed ibn Djarir at-Tabari, cum aliis edidit M. J. de Goeje, 1,2,* Teheran 1965 [Nachdruck der Ausgabe Leiden 1881-1882], S. 850-851).

Ṯabīr[4] mit den Höckern eines Kamels vergleichen? Oder die Gebirgspfade mit den Wegen von Ameisen? Nein, was ist eine schimmernde Fata Morgana im Vergleich zu den Fluten eines Meeres und was sind die Spinnennetze im Vergleich zu den Himmelssphären?

Ferner sehen wir die Verkehrsteilnehmer miteinander wetteifern in diesem Gedränge und Geschiebe von Alt und Jung, Jungen und Mädchen, Fahrenden und Fußgängern, während Tausende Gefährte, die die Menschenmenge wie ein Pfeil aus einem Bogen durchbohren, dahinfliegen, angetrieben durch elektrische Kraft, Dampf oder von Pferden:

Als kein Tier mit ihnen wetteifern konnte, maßen sie sich mit ihren eigenen Schatten.

Jeder Fußgänger ist ein ängstlich flatternder Spatz, ein Flughuhn, das sich erschrocken dreht und wendet. Falls er unachtsam ist, ergreift ihn der Tod. Wenn er stolpert, so fließt sein Blut, und wenn er die Nase hochträgt, fällt er in sein Grab. Jeder tastet nach den Bürgersteigen am Straßenrand, wie ein Ertrinkender nach dem Ufer greift.

Die Läden auf beiden Seiten schmücken sich mit allerlei wunderlichen Waren und Kunsthandwerk. Sie verführen den Asketen, so dass er sie sich wünscht und verlocken den Geizigen, so dass er sein Geld ausgibt. Die Weinschenken sind voller Menschen, kein Stuhl bleibt leer. Ein jeder hält in der einen Hand ein Glas Wein und in der anderen die Abendzeitung. In dieser Menschenmenge hätten wir beinah den Verstand verloren vor Staunen und Verwirrung, vor Angst und Verlegenheit:

Wenn Luqmān, der Weise,[5] *diesen Ort beträte, so verlöre er all seine Weisheit.*

Wir verspürten allmählich den Wunsch auszuruhen, und zwar in einer dieser Tavernen, aber wir fanden keinen leeren Platz in dem Gedränge. So blieben wir eine Weile auf den Füßen und wären beinahe verzweifelt gegangen, hätten sich nicht einige Gäste bewegt und wären fortgegangen. Wir übernahmen ihre Plätze und fühlten uns in Sicherheit. Wir studierten die Gesichter der Anwesenden und betrachteten die Passanten. Wir entdeckten, dass die Zahl der Damen die der Herren überstieg, jede von außerordentlicher Schönheit und Liebreiz, Hochmut und Koketterie, einer Figur voller Kurven und rosigen Wangen:

---

4 Berg außerhalb Mekkas (Ed: „Thabīr", in: *EI*[2], Bd. 10, Leiden 2000, S. 427; *Jacut's geographisches Wörterbuch [Yāqūt: Muʿǧam al-buldān], aus den Handschriften zu Berlin, St. Petersburg und Paris,* herausgegeben von Ferdinand Wüstenfeld, Bd. 1, Teheran: Maktabat al-Asadī, 1965 [Nachdruck der Ausgabe Leipzig: F. A. Brockhaus 1866], S. 917-919).

5 Vgl. Koran 31, 12 f. Nach einer vorkoranischen Überlieferung wird Luqmān ein langes Leben angeboten, worauf dieser die Lebensspanne von sieben Geiern wählt. Mit dem Leben des letzten Geiers, den er aufzieht, Lubad, endet auch sein eigenes (Ignaz Goldziher: Abhandlungen zur arabischen Philologie (Teil 2: Das Kitâb al-Muʿammarîn des Abû Ḥâtim al-Siǧistânî), Leiden 1899, S. ٢). Im Koran ist Luqmān für seine Weisheit bekannt (B. Heller, N. A. Stillmann: „Luḳmān", in: *EI*[2], Bd. 5, Leiden 1986, S. 811-813).

Sie wogen sich in bunten Gewändern von leuchtendem Gelb, Schneeweiß und Tiefrot.

Sie schreiten sich stolz wiegend in bestickten Kleidern. Sie beschleunigen ihren Gang und wetteifern im Heben von Saum und Schleppe. Sie klappern mit ihren Schuhen und klimpern mit ihrem Schmuck.

Wenn sie lächeln, zeigen sie Perlen, wie sie sie selbst tragen,
als ob ihre Ohrringe mit einem Lächeln geschmückt wären.

Sie verbreiten einen Duft wie die Blume am zarten Stängel. Sie schicken Pfeile aus ihren Augen, die stille Besorgnis erregen, und sie werfen tödliche Blicke, die sorglose Herzen bluten lassen.

Ein Zeichen von Mündern, ein Wink mit den Augenbrauen,
ein Blinzeln und eine grüßende Hand.

Die verschiedensten Verkäufer laufen geschäftig hin und her. Ihr aufgeregtes Rufen gleicht in ihrem unermüdlichen Drängen einem Geheul und Gebelle.

Als wir einen Augenblick zu uns kamen, fing der Pascha wie gewohnt an, von uns Näheres über die Lage zu erfahren, und sagte: „Zweifellos ist heute ein Feiertag beim Volk dieser neuen Welt. Oder ich würde meinen, sie wären Einwanderer oder heimkehrende Soldaten, die die Schlacht hinter sich gebracht, überlebt und Gefangene und Beute gemacht haben."

Darauf erwiderte ich ihm: „Nein, vielmehr ist diese Stadt – wie beschrieben und gelehrt wird – eine Utopie, Urquelle der vollkommenen Zivilisation, Wiege der Kultur, ein Anblick der Schönheit und Jugend, Heimat von Macht und Ruhm. Sie ist die Quelle von Glück und Unheil. Für dieses Volk ist sie Iram selbst, die Säulenstadt,[6] deren gleichen nicht erschaffen wurde. Wenn sie der Besitzer der Säulenhalle, Ḫusraw Anū-Širwān,[7] gesehen hätte, hätte er sich nie eines Palastes oder einer Säulenhalle gerühmt, sondern hätte befunden, dass al-Madā'in[8] gegen sie eine öde Wüste sei. Wenn der römische Kaiser sie sich angeschaut hätte, hätte er geschworen, dass Rom – und dies ist seiner Meinung nach die Hauptstadt der Welt – nur ein Dorf von unterstem Niveau sei, wie er vor seiner Herrschaft von seinem Traum erzählte: „Ich wäre lieber der Erste in dem entfern-

---

6 Vgl. Koran 89, 6-8. Laut einer Legende soll Šaddād ibn ʿĀd diese paradiesähnliche Stadt erbaut haben. Meist wird der Name als Anspielung auf die Marmorsäulen von Damaskus gedeutet (Vgl. Ed.: „Iram", in: *EI²*, Bd. 3, Leiden 1971, S. 1370; Yāqūt: *Muʿǧam al-buldān*, Bd. 1, S. 212-216; Aḥmad Ibn Muḥammad aṯ-Ṯaʿlabī: *Qiṣaṣ al-anbiyāʾ al-musammā ʿarāʾis al-maǧālis*, hrsg. von ʿAbd-al-Laṭif Ḥasan ʿAbd-ar-Raḥmān, Beirut: Dār al-kutub al-ʿilmiyya, ³2009, S. 129-134).

7 Ḫusraw I. (reg. 531-579 n. Chr.): persischer Großkönig aus dem Geschlecht der Sassaniden (M. Morony: „Kisrā", in: *EI²*, Bd. 5, Leiden 1986, S. 184-185).

8 Sassanidische Metropole von wahrscheinlich vier oder fünf Städten beiderseits des Tigris südöstlich von Bagdad, darunter befindet sich Ctesiphon. Al-Madā'in wurde 16/637 von den Arabern eingenommen (M. Streck, M. Morony: „al-Madā'in", in: *EI²*, Bd. 5, Leiden 1986, S. 945-946; Yāqūt: *Muʿǧam al-buldān*, Bd. 4, S. 445-448).

testen Dorf als der Zweite in der Stadt Rom."[9] Wenn Platon, der griechische Gelehrte, sie erblickt hätte, hätte er nicht in längst vergangenen Zeiten gesagt: „Ich preise Gott für seine dreifache Gnade, die die Zunge nicht zu danken vermag: Nämlich, dass er mich in Gestalt des Menschen, nicht des Tieres, ferner im Geschlecht des Mannes, nicht der Frau schuf, und außerdem, dass er meine Zugehörigkeit zu Athen, der Hauptstadt der Griechen, und nicht der anderer Länder bestimmte." Wenn Hārūt und Mārūt[10] sie erkundet hätten, hätten sie nicht bestritten, dass Babylon im Vergleich zu ihr eine Einöde sei:

Wie das ewige Paradies den erfreut, der es sieht,
so missachtet sie „al-Ḫuld"[11] *und „Surra man raʾā".*[12]

Paris ist heute die Heimat von Wissenschaft und Tugend, Insel des Friedens und der Gerechtigkeit. Sie ist die Institution von Recht und Wahrheit und Wiege der Einheit und Eintracht. Sie ist die Schule, aus der die Sonne der Rechtleitung und Erkenntnis in die Welt strahlt, aus der der Mensch die Menschenrechte empfängt, von der er alle Gesichter der Güte und Wohltätigkeit lernt. Jeder hat eine Heimat, sie aber ist die zweite Heimat eines jeden, der auf seine Heimat stolz ist. Ohne sie hätte der Mensch seinen eigenen Wert nicht erkannt und hätte in seinen Häusern keine Sicherheit vor Verrat und Mord gefunden. Denn sie schützt die Menschen vor frevelhaften Schicksalsschlägen und hält sie fern von verlustreichem Missgeschick. Sie lehrte die Menschheit, wie man edle Taten hervorbringt, wie man Sünde und Verbrechen meidet und wie man in der leidvollen Welt in Freude und Glück leben kann, in „Freiheit", „Gleichheit" und „Brüderlichkeit". Wenn jemand, dem Unrecht geschehen ist, egal welcher Rasse und Nation, sie riefe, erwiderte sie: „Hier bin ich! Tod der Unterdrückung, es soll keine Unterdrückung mehr geben."

---

9 Dieser Ausspruch wird Gaius Julius Cäsar zugeschrieben, der ihn geäußert haben soll, als er an einem kleinen Dorf vorbeikam. Bei Plutarch heißt es in der Caesarbiographie: „Ἐγὼ μὲν ἐβουλόμην παρὰ τούτοις εἶναι μᾶλλον πρῶτος ἢ παρὰ Ῥωμαίοις δεύτερος." Die englische Übersetzung lautet: „I would rather be the first here than second at Rome." (*Plutarch's Lives. With an English translation by Bernadotte Perrin*, Bd. 7: Demosthenes and Cicero. Alexander and Caesar, London: Heinemann, 1958, S. 468-469).

10 Vgl. Koran 2, 102. Hārūt und Mārūt werden als gefallene Engel beschrieben, die die Menschen versuchen (G. Vajda: „Hārūt wa-Mārūt", in: *EI*[2], Bd. 3, Leiden 1971, S. 236-237; aṯ-Ṯaʿlabī: *Qiṣaṣ al-anbiyāʾ*, S. 47-50).

11 *al-ḫuld*, arab. „die Ewigkeit". Der zweite ʿAbbāsidenkalif al-Manṣūr (reg. 754-775 n. Chr.) erbaute diesen Palast 157/773 „am Tigris unterhalb des Ḫūrāsān-Tores von Bagdad (A. A. Duri: „Baghdād", in: *EI*[2], Bd. 1, Leiden 1960, S. 197; Yāqūt: *Muʿǧam al-buldān*, Bd. 2, S. 459-460).

12 *Surra man raʾā*, arab. „Es freut sich, wer sie sieht", Pseudoetymologie bzw. Wortspiel auf Samarra, eine Stadt nahe Bagdad, spätere Residenz der ʿabbāssidischen Kalifen, geg. 836 (A. Northedge: „Sāmarrāʾ", in: *EI*[2], Bd. 8, Leiden 1995, S. 1039-1041; Yāqūt: *Muʿǧam al-buldān*, Bd. 3, S. 14-22).

Da sind ihre Leute, wie du siehst; sie durchwachen ihre Nächte und verbringen ihr Leben in Ernst und Arbeit, und doch sind sie immer voller Hoffnung. Denn in ihrem Eifer scheint ihnen nichts unmöglich. Durch ihren festen Willen schmelzen sie den Stahl, auf ihr Zeichen geben massive Felsblöcke nach. Sie lassen die Luft zerfließen und schreiben auf dem Wasser, aus dem Sand flechten sie Seile, sie bringen die festen Berge durch befiederte Pfeile zum Weichen, sie trocknen das Meer aus, indem sie es mit Kübeln leer schöpfen. Sie löschen das Wunder der Nacht, so dass es nie den Höhepunkt erreicht und machen den Tag für sich ewig:

Wenn man jene Menschen betrachtet, so ist der Rest der Welt nur eine Ziffer.
Der Unterschied zwischen ihnen und allen Menschen ist
wie der Unterschied zwischen dem, was ist, und dem, was nicht ist.

Während ich das erzählte, lauschte der Pascha und erwog das Gesagte. Der Freund jedoch ärgerte sich und empfand Verdruss. Ich drehte mich zu ihm, um mich nach dem Grund dieser Unzufriedenheit zu erkundigen. Ich hatte meine Frage noch nicht ganz gestellt, als er uns mit einem Redeschwall überfiel, wie ein Sturzbach aus der Höhe.

Der Freund: „Bei Gott, uns war schon längst langweilig von diesen Übertreibungen und deren ständiger Wiederholung über die hiesigen Landen, als wir noch in unserer Heimat die Jahre verbracht haben! Man sollte lieber einem Abwesenden das alles beschreiben und nicht einem Anwesenden. Und du bist ein Mann, der gern forscht und recherchiert, bist gewohnt, das Verborgene zu erschließen. Das Notwendigste, was wir jetzt tun müssen, ist, dass wir unsere Gedanken befreien von solchen Beschreibungen, die unsere Phantasie lange Zeit erfüllt haben, und sie vergessen und nicht mehr erwähnen, damit wir unser Urteil ohne Vorurteile fällen können, die seit langem in unseren Köpfen aufgrund von Gerüchten verwurzelt sind, sondern als Augenzeuge. Du weißt doch, dass der Verstand sich innerlich verschließt, etwas zu klären oder nachzuprüfen, und dies meistens nur dann tut, wenn er gezwungen und genötigt ist, und zwar deswegen, weil es bequemer ist, den Gedanken Ruhe und dem Verstand Frieden zu geben. Vielleicht prägt er sich etwas in seiner Imagination ein, was er für gut hält, dann verlässt er sich darauf und billigt alles, was sich darauf zurückführen lässt – denn „das Ohr verliebt sich manchmal vor dem Auge“[13]. Ebenso gilt dies, wenn er etwas abstoßend findet. Deswegen führt der Verliebte alles, was von seiner Geliebten herrührt, auf das Gute zurück, auch wenn es beim näheren Betrachten und

---

13 Baššār ibn Burd (st. 784/85 n. Chr.), arabischer Dichter iranischer Abstammung (Régis Blachère: „Bashshār b. Burd“, in: *EI²*, Bd. 1, Leiden 1960, S. 1080-1082; *GAL* G I, S. 73, S I, S. 108-110; *GAS* II, S. 455-457; Editionen seiner Gedichte s. Baššār ibn Burd: *Dīwān*, hrsg. von Muḥammad aṭ-Ṭāhir b. ʿĀšūr, 2 Bde., Kairo 1950-1957; *Selections from the Poetry of Baššār*, ed. with Translation and Commentary and an Introductory Sketch of Arabic Poetic Structures by Alfred Felix Landon Beeston, Cambridge: University Press, 1977).

Prüfen gar nicht gut ist, und das alles wegen der ursprünglichen Neigung und der vorherigen Billigung; und weil man eher bereit ist zu akzeptieren, was im Herzen schon eingraviert ist. Daher sagt der Dichter:

Das zufriedene Auge ist unfähig, die Fehler zu sehen,
während das unzufriedene Auge alles Schlechte zum Vorschein bringt.

Stell dir einen Dichter oder Literaten vor; wenn du ihm einen Vers vorträgst, den er nicht kennt und du den Namen des Dichters nicht nennst, hält er ihn vielleicht für verwerflich. Wenn du ihm jedoch z. B. den Namen Abū Tammām[14] oder Abū Ṭayyib[15] preisgibst, findet er ihn wieder gut und fängt an, eine Ausrede für den Dichter zu gebrauchen, auch wenn sich in dem Vers tatsächlich etwas Verwerfliches befindet. Nur deshalb verhält er sich so, weil er bereits mit dem Namen vertraut ist und weil er alles, was von den beiden Dichtern ist, gut und angenehm finden muss:

Aus diesen Überlegungen heraus können wir erfassen, warum einer Glück und Annahme in seinem Leben erhält, wenn seine Taten von den Menschen gebilligt werden; und warum einer Unglück und Abkehr erfährt, wenn das, was er tut, Missbilligung bei ihnen hervorruft. Der Dichter sagt:

Wenn ein Mensch vom Glück begünstigt ist, schenkt man ihm Vertrauen,
auch wenn er lügt.

Was, wenn die Überlieferer ihn gut heißen und ihn schön reden?! Wir sind vom Westen und insbesondere von Franzosen gewohnt, wenn wir eines ihrer Bücher lesen oder eines ihrer Gespräche hören, dass sie nur ihre Zivilisation rühmen und bei der ganzen Welt mit ihrem Lebenssystem prahlen; dass sie die Götter der Schöpfung seien und die Herren der Menschheit; dass die rechte Leitung ihnen

---

[14] Abū Tammām (st. 955 n. Chr.): berühmter arabischer Dichter, der in Syrien, Ägypten und dem Irak unter al-Muʿtaṣim wirkte (Hellmut Ritter: „Abū Tammām", in: *EI²*, Bd. 1, Leiden 1960, S. 153-155; *GAL* G I, S. 84-85, S I, S. 134-137; *GAS* II, S. 551-558). Sein Dīwān ist ediert worden: Abū Tammām Ḥabīb Ibn Aus aṭ-Ṭāʾī: *Dīwān al-Ḥamāsa. Wa-huwwa mā iḫtārahū Abū Tammām Ḥabīb Ibn Aus aṭ-Ṭāʾī. Šarḥ at-Tibrīzī*, 2 Bde. in einem Bd., Beirut: Dār al-Qalam, o. J.; al-Ḫaṭīb at-Tibrīzī: *Šarḥ dīwān al-Ḥamāsa „Abū Tammām"*, 4 Bde. in 2 Bänden, Beirut: ʿĀlam al-kutub, [ca. 1980] [Nachdruck der Ausgabe Būlāq 1296 h. = 1879]. Vgl. auch Suzanne Pinckney Stetkevych: *Abū Tammām and the Poetics oft he ʿAbbāsid Age*, Leiden u. a.: Brill, 1991.

[15] Abū Ṭayyib al-Mutanabbī (st. 955 n. Chr.): arabischer Dichter, berühmt für seine Panegyrik, vor allem auf den Emir Saif-ad-Daula am Ḥamdanidenhof in Aleppo (vgl. Régis Blachère, Charles Pellat: „al-Mutanabbī", in: *EI²*, Bd. 7, Leiden 1993, S. 769-772; *GAL* G I, S. 86-88, S I, S. 138-142; *GAS* II, S. 484-497). Kommentare zu seinem Dīwān s. z. B. Nāṣīf al-Yāziǧī al-Lubnānī: *Kitāb al-ʿArf aṭ-ṭayyib fī šarḥ dīwān Abī ṭ-Ṭayyib*, Beirut: Maṭbaʿat al-Qadīs Ǧāwirǧiyūs, 1882; al-Mutanabbī: *Dīwān, mit dem Kommentar des ʿAlī ibn Aḥmad al-Wāḥidī*, hrsg. von Friederich Diederici, Bagdad: Muṯannā, o. J. [Nachdruck der Ausgabe Berlin 1861] u. v. m. Übersetzung z. B. A. J. Arberry: *Poems of al-Mutanabbī. A Selection with Introduction, Translations and Notes*, Cambridge: University Press, 1967 u. a. Neuere Untersuchungen z. B. Margaret Larkin: *al-Mutanabbī: Voice of the ʿAbbasid Poetic Ideal*, Oxford: Oneworld Publ., 2008.

eigen sei und die anderen vom Wege abirrten; dass ihnen vom Himmel ihre Zivilisation offenbart wurde, sie sollten die Menschen aus der Finsternis ins Licht führen.[16] Entweder glauben die anderen, oder sie werden bekämpft. Ihre Kunde hat sich unter uns verbreitet, wobei ihnen viele von uns halfen. Wir begegneten ihren Übertreibungen mit Zustimmung und Ergebenheit, ohne nachzuforschen oder zu prüfen; und interpretierten alles, was sie brachten, als weise und richtig. Und da es in unseren Herzen auf Zustimmung stieß, hießen wir alles gut, was sie sich für uns vorstellten und was sie uns einredeten.

Ich meine, wir müssten uns von dem, was sie gesagt und beschrieben haben, befreien, und wir müssten jetzt den Tatsachen ins Auge schauen und sie nach ihrem Wert an sich beurteilen, und nicht gemäß dem, was uns der Wahn vorspielt und wozu uns die Vorstellung verleitet. Und der Pascha begleitet uns ja und zeichnet sich – Gott sei Dank – dadurch aus, dass er lange Zeit fern von dieser Welt, verborgen vor diesem Leben gewesen ist, weswegen sein Gedankengut frei von dem ist, was unsere Köpfe aus dieser Zivilisation aufgenommen haben. Deswegen ist sein Urteil über das, was er heute sieht, unbeeinflusst von Überlieferungen und Gerüchten. Seine Ansichten sind wahrhaftiger, und seine Meinung vertrauenswürdiger. Wir müssen ihm nur objektiv zuhören, damit wir das Wesen des Rechts und Unrechts in der Ordnung dieser Zivilisation am besten erkennen."

ʿĪsa ibn Hišām: „Meinetwegen. Aber möchtest du etwa, dass wir dem Konsens widersprechen und den Leuten mit etwas anderem, als sie gewohnt sind, begegnen; und dass wir kritisieren, was für sie makellos und fern von Schmach und Schande ist, damit sie uns Irrtum und mangelnde Intelligenz vorwerfen können? Du sollst nicht übersehen, dass viele Denker meinen, es stehe niemandem im Diesseits an, dass jedwede Wahrheit gesagt wird.

Wäre es dann nicht folgerichtig, dass wir der Methode derer, die vor uns in dieses Land kamen, folgen und wir die Morgenländer für ihre Minderwertigkeit und für die Überlegenheit der Abendländer ihnen gegenüber tadeln; und dass wir das beschreiben, was dieses Volk an Stärke und Macht, Ehrgefühl und Stolz in beständigem Wohlstand besitzt; und dass wir immer noch in Höhlen der Lethargie und Apathie schlafen? Sie sagen, und wir hören; sie befehlen, und wir führen aus; sie haben teil an unserem Lebensunterhalt, und wir entbieten unseren Dank; sie stehlen unseren Boden, und wir danken; sie besetzen unser Land, und wir dulden es. Sollten wir nicht wenigstens die Gründe ihres Fortschritts zum jetzigen Niveau ausführlich diskutieren und die Grundfesten, auf denen sie ihr Gebäude gegründet haben, durchschauen, damit wir ihnen auf den Fersen folgen und es ihnen gleich tun können? Wäre es nicht angebrachter, unser Volk dazu anzuspornen, dass es seine Faulheit abschüttelt, das Kleid der Gleichgültig-

[16] Koran 2, 257: „Gott ist der Freund derer, die gläubig sind. Er bringt sie aus der Finsternis hinaus ins Licht […]" (Diese und alle weiteren Koranübersetzungen folgen Rudi Paret (Übers.): *Der Koran,* Stuttgart [11]2010).

keit von sich wirft, und aufsteht, um diese Fleißigen in ihrer Vollkommenheit nachzuahmen? Findest du nicht, es wäre der beste Antrieb, wenn wir diese Zivilisation so emphatisch wie möglich beschreiben, sie unseren Leuten gegenüber verherrlichen, sie bis in ihre Seelen rühmen und unsere Landsleute durch unser Reden über die Zivilisation tadeln. Außerdem sollten wir ihren Wert so hoch wie wir den unseren gering schätzen und sie durch Vergleiche schmähen, damit der Antrieb, mit ihnen zu wetteifern, und der Reiz, sie einzuholen, stärker werden. Wenn der Lehrer schweigt und einen Schüler nicht die Überlegenheit eines anderen Schülers spüren lässt, bemüht er sich dann beim Lernen?"

Der Freund: „Zuerst einmal sollte es deinem Scharfsinn nicht entgangen sein, dass sich die meisten derjenigen, über die du sprichst, die von unserem Volk sind und dieses Land besucht haben, anschließend zurückkehrten und darüber berichteten, schrieben und urteilten, in drei Kategorien teilen lassen.

Die erste Kategorie: Das sind Studenten, die ihre Ausbildung in diesem Lande erhalten haben. Wegen ihrer hohen Jugend und weil sie von allem Wunderbaren entzückt sind, werden sie von Äußerlichkeiten überwältigt. Da bleibt kein Raum für Recherchen und subtile Unterschiede, um das, was in den Bereich von Tugend oder Laster fällt, zu erkennen, wenn sie die Lebensweise dieser westlichen Zivilisation betrachten. Sondern sie scheint ihnen in rühmlichem Lichte, so dass sie sie kurzum als leuchtend und schön empfinden. Wenn sie dann heimkehren, reden sie wie der Verliebte in seinem Rausch über seine Geliebte, und ihr höchstes Ziel ist, einige Spuren jener großen Zivilisation bei sich bemerkbar zu machen, die leicht und einfach sind, um sich selbst ein wenig von jener Großartigkeit zu geben, die ihre Vorstellungskraft überwältigt hat, und durch die sie die Augen anderer Menschen zu blenden versuchen. Wir gehören nicht dieser Klasse an.

Die zweite Kategorie besteht aus einigen von uns, die sich diesem Lande lediglich zuwandten, um sich auszuruhen und sich zu erholen. Sie betrachten diese Zivilisation nur aus der Sicht dessen, der das Gesehene an das Hörensagen anzupassen versucht. Wenn einer von ihnen recherchiert und einen Makel an ihr entdeckt, will er seine Meinung ungern ändern und dem Gewohnten widersprechen, weil dies sehr viel Mühsal und Kraft kostet. Hinzu kommt noch, dass die Eigenschaft, die guten Seiten und nicht die Fehler zu sehen und ausführlich darüber zu sprechen, die besten Chancen bei den Zuhörern und den Neugierigen hat. Wir gehören nicht dieser Art Menschen an.

Die dritte Kategorie: eine Schar von Regierungsbeamten, die sich, von des Amtes Knechtschaft ein, zwei Monatsreisen entfernt, in dieses Land flüchten wie der Kriegsgefangene aus der Gefangenschaft. Darunter sind einige, die ihr Studium in diesem Land absolviert haben, für die gilt, was für die erste Kategorie gilt. Die anderen unter ihnen, die nicht in Europa gelernt haben, folgen aber dem Weg derer, die hier studiert haben, und folgen deren Beispiel, um mit ihnen mitzuhalten und zu ihnen gezählt zu werden, damit ein bisschen von deren Privilegiert-Sein auf sie übertragen wird. Für sie gilt auch, was für die anderen gilt.

Indessen haben sie allesamt nicht eine Stunde Zeit, die ihnen erlaubt, genau zu prüfen, was sie erleben. Denn jeder Beamte bleibt während seines ganzen Besuches zwischen zwei Dingen gespalten: Einerseits zählt er die restlichen Tage seines Urlaubs, andererseits prüft er das restliche Geld in seinem Beutel. Wir gehören dieser Schicht auch nicht an.

Und all diese Kategorien, wie man sieht, sind darauf erpicht, beim Erzählen zu übertreiben und zu schwärmen. Kein Wunder, denn die Menschen kommen sich wichtiger vor, wenn sie vieles hinzufügen, das sie selber erfunden haben. Das Überliefern des Exotischen und das Erzählen des Wunderbaren finden Genuss beim Erzähler und Süße beim Zuhörer. So sind es die Leute gewohnt, seit Gott Adam schuf bis heute, und seit den Mythen der Vorfahren über Dschinnen, Ifrite und Dämonen, über ‚Tausend und eine Nacht' und der ‚Sīrat ʿAntar'[17] bis zur ‚Perle der Wunder'[18].

Es gibt auch eine vierte Kategorie, die zwar vielleicht prüft, recherchiert und Wissen besitzt, aber sie hat eine eigene Neigung, die sie davon abhält, die Wahrheit zu enthüllen; und sie dazu bringt, vor Gott zu übertreiben: Sie erzählt nur das Rühmliche und Lobenswerte dieser Zivilisation, egal ob zu Recht oder zu Unrecht, um eine bestimmte Linie und ein verborgenes Ziel zu verfolgen. Sie beharrt wie der Bedienstete des Kolonialisten darauf, den Wert seiner Zivilisation und die Stärke seiner Kultur hervorzuheben, um mit ihm gehoben zu werden, um durch

---

17 ʿAntara ibn Ṣaddād: vorislamischer arabischer Kriegsdichter (6. Jh.) (vgl. Régis Blachère: „ʿAntara", in: *EI²*, Bd. 1, Leiden 1960, S. 521-522; *GAL* G I, S. 22, S I, S. 45; *GAS* II, S. 113-115). Seine Heldentaten wurden im epischen Werk *Sīrat ʿAntar* verarbeitet, wo auch die Liebe zu seiner Cousine ʿAba, die in ʿAntaras Gedichten erwähnt wird, zu einer Liebesgeschichte ausgebaut wurde. Die Quellen zu ʿAntara finden sich in Ibn Qutaibas *K. aš-Šiʿr wa-š-šuʿarāʾ* und in Abū l-Farağ al-Iṣfahānīs *K. al-Aġānī* (Vgl. Peter Heath: *The thirsty sword: Sīrat ʿAntar and the Arabic popular epic,* Salt Lake City: University of Utah, 1996, S. 22-24). Sein *dīwān* s. Wilhelm Ahlwardt (Hrsg.): *The Divans of the six ancient Arabic poets Ennabiga ʿAntara, Tharafa, Zuhair, ʿAlqama and Imruulqais;* chiefly according to the Mss. of Paris, Gotha, and Leyden; and the Collection of their Fragments with a List of the various Readings of the Text. London: Trübner und Co., 1870. Eine Konkordanz dazu s. Franz-Christoph Muth: *Eine Konkordanz zur Ahlwardtschen Ausgabe der Gedichte von ʿAntara Ibn Šaddād al-ʿAbsī,* Wiesbaden: Harrassowitz, 2001. Zu Untersuchungen des Epos s. Malcolm C. Lyons: The Arabian Epic. Heroic and oral story-telling, 3 Bde., Cambridge: University Press, 1995.

18 Wahrscheinlich handelt es sich um das geographische bzw. kosmographische Werk des Ibn al-Wardī (st. 861/1457) „Die Perle der Wunder und die Einzigartigkeit der seltsamen Dinge". Vgl. Ed.: „Ibn al-Wardī", in: *EI²*, Bd. 3, Leiden 1971, S. 966; *GAL* G II, S. 131, S II, S. 163 (dort jeweils abweichend: gest. 850/1446). Ausgabe Sirāğ-ad-Dīn Abū Ḥafṣ ʿUmar Ibn al-Wardī: *Ḫarīdat al-ʿağāʾib wa-farīdat al-ġarāʾib,* Kairo: al-Maṭbaʿa al-ʿāmira aš-šarafiyya, 1316/1898. Der Abschnitt über Konstantinopel ist übersetzt von Franz Taeschner: „Der Bericht des arabischen Geographen Ibn al-Wardi über Konstantinopel", in: Hans von Mžik (Hrsg.): *Beiträge zur historischen Geographie, Kulturgeographie, Ethnographie und Kartographie, vornehmlich des Orients. Festschrift für Eugen Oberhummer,* Wien: 1929, S. 84-91 (eingesehen bei Fuat Sezgin (Hrsg.): *Studies on al-Waṭwāṭ (d. 1318), ad-Dimašqī (d. 1327), Ibn al-Wardī (d. c. 1446) and al-Bākuwī (15th cent.)* (Islamic Geography, 205), Frankfurt am Main: Institut für Geschichte der Arabisch-Islamischen Wissenschaften, 1994, S. 188-195).

dessen Herrschaft über uns zu herrschen, von ihm Nutzen zu ziehen dadurch, dass sie dessen Ruhm bei uns und dessen Macht über uns festigt. In dieser Kategorie gibt es einige, die die Herrschaft westlicher Zivilisation über den Orient und die Veränderung seiner Sitten und Bräuche als Sieg einer bestimmten Linie betrachten. Denn sie sind dadurch, dass sie ihre Sache lobpreisen, für sie Partei nehmen und missionieren, wie diejenigen, die für eine bestimmte Rechtsschule Partei ergreifen und für eine bestimmte Religion missionieren.

Dir ist nun klar geworden, dass wir zu keiner dieser Kategorien gehören. Wir verließen unser Land und reisten gemeinsam unter der Bedingung, wir würden prüfen und kritisieren und über diese Zivilisation mit all ihrem Nutzen und Schaden nur aufgrund von Beobachtung auf ihrem eigenen Grund und Boden sprechen. Ich bin ein Mann, der dazu neigt, dass alle Wahrheit gesagt und alles Richtige erzählt werden soll. Dann lass uns von der Übertreibung ablassen! Lass uns unsere Vorstellung nicht beflügeln! Und lass uns uns benehmen, wie wir sind. Jetzt ist es Zeit, den Pascha danach zu fragen, welche Spur der erste Blick auf diese moderne Welt bei ihm hinterließ und welche Eindrücke er gewonnen hat, denn er schaut die Dinge, wie sie sind, frei von Leidenschaft."

Der Pascha: „In diesem Gedränge, in diesem Rummel, der dem Rummel des Basars ähnelt, in diesem Gedröhne, das dem Dröhnen des Bienenstocks gleicht, und unter diesen Lampen, die den Augen Schaden zufügen, kann ich kaum etwas unterscheiden. Was mir widerfährt, ist nur Erstaunen und Verwirrung. Vielleicht ist das der Grund, warum ich nichts unterscheiden kann. Ich wollte, wir wählten uns einen ruhigen Ort in dieser Stadt, einen Ort ohne Gedränge, bis wir mit der Stadt und ihren Bewohnern vertraut würden."

ʿĪsa ibn Hišām: „Das, was du dir wünschst, ist nirgendwo zu finden, denn das Gedränge ist in der ganzen Stadt verbreitet, und der Verkehr geht weder tags noch nachts zu Ende. Kein Wunder, denn die Bewohner werden auf ein paar Millionen geschätzt, so dass man sagen kann: Dies ist eine Ansammlung miteinander vernetzter Städte, die als eine einzige Stadt betrachtet wird."

Der Freund: „Das ist ein Beweis für die Größe des Königs, was keinem verborgen bleibt."

Der Pascha: „Wenn dem so ist, sollte uns jemand leiten, von dem wir erfahren, was uns verborgen und unbekannt ist."

Der Freund: „Ich glaube nicht, dass dein Wunsch erfüllt werden wird, denn es ist selten, dass man jemanden findet, der nicht den bekannten Weg einschlägt – den Weg dessen, der sein Volk rühmt und seinen Stolz verbreitet –, worauf wir verzichten können und wovon wir keinen Nutzen haben, bis auf übertriebenes Gerede und wenig Nutzen."

ʿĪsa ibn Hišām sagte: Es wurde Zeit, etwas zu uns zu nehmen, und wir gingen in ein Speiselokal. Als wir an der Tafel Platz genommen hatten, sahen wir vor uns drei Stadtbewohner, die eine Unterhaltung führten. Wir lauschten ihnen, während wir von ihren Lippen lasen, worüber sie debattierten.

Einer von ihnen war ein kleiner, hübscher, junger Mann mit gestutztem Vollbart, der sich übertrieben um sein Äußeres zu kümmern schien. Seine Gestalt und seine Art zu sprechen ließen erkennen, dass er ein Schriftsteller sein musste.

Der Zweite war ein dicker Mann mit aufgeblasenem Bauch und rotem Gesicht. Sein Gesicht und seine Art zu reden verrieten, dass er den Kaufleuten zuzurechnen war.

Der Dritte von ihnen war ein älterer Herr, der von angenehmer Erscheinung war und weise Gelassenheit ausstrahlte. Wer ihn sah und ihn hörte, zweifelte kein bisschen, dass er ein Mann der Philosophie und Weisheit war.

Wir hatten Lust, zu unserer Unterhaltung ihrem Gespräch zuzuhören. Wir fanden, dass sie von einem Thema zum anderen wechselten, bis das Gespräch über die aktuelle Lage sie zu dem chinesischen Krieg[19] führte. Wir hörten den Schriftsteller, der sich dazu äußerte, während er mit Händen auf den Tisch und mit den Füßen auf den Boden schlug: „Es ist Zeit, dass die Zivilisation die Barbarei und die Wildheit aus dem Dasein auslöschen wird und wir unsere Botschaft, der wir uns in den Dienst gestellt haben, den Menschen verkünden, so dass wir die Sache der Menschheit überall fördern, die Grundlagen der Zivilisation kultivieren, ihre Lehren dem Menschen nahe bringen, damit wir der Welt ewige Ruhe und absolutes Glück in diesem Leben bringen. Was wäre sonst das Verdienst unserer Bemühungen in Fortschritt und Wettbewerb, in den Wissenschaften und Künsten? Und was wäre der Nutzen dieser Erfindungen in Industrie und Maschinenbau?

Wenn es das Ziel dieser Zivilisation ist, dass wir diese Kriegsmaschinerien beherrschen und diese militärischen Kräfte einsetzen, damit wir uns gegenseitig töten und unser Zuhause mit der eigenen Hand zerstören, dann sei Unglück über den Wissenschaften und Künsten, und Unglück sei über dem, was wir uns dienstbar gemacht haben und womit wir unser Leben verbracht haben. Denn das Ziel kehrt sich dann vom Adel der Zivilisation zur Abscheulichkeit der Barbarei.

Die Aufgabe westlicher Staaten und Nationen ist es, dass sie sich miteinander vereinigen, damit sie sich wesentlich dem widmen und ihre Kräfte daran legen, wofür die Gedanken der Gelehrten und der Weisen den Grundstein gelegt haben, nämlich den Rest dieser Welt, der bis heute in Unwissenheit lebt, zu kultivieren; damit er der Tiefe der Barbarei entrissen und zu menschlicher Erhabenheit geführt wird. Danach wird jeder von uns das Recht haben, stolz darüber zu

---

19 Boxer-Aufstand 1899-1900: Die chinesische Geheimorganisation „Boxer" kämpfte gegen den wachsenden Einfluss von Europäern, Amerikanern und Japanern und versuchte, sie aus China zu vertreiben, doch ohne Erfolg. Verschiedene Aspekte behandelt Mechthild Leutner (Hrsg.): *Kolonialkrieg in China. Die Niederschlagung der Boxerbewegung 1900 – 1901*, Berlin: Links, 2007; speziell die deutsch-chinesische Seite zeigt Susanne Kuß (Hrsg.): *Das Deutsche Reich und der Boxeraufstand*, München: Iudicium, 2002. Zu den Boxern als Geheimbund s. Knut Knackstedt: *„Geheimbund"?: Yi He Ch'üan. Ein ethnologischer Beitrag zur Neubewertung des interdisziplinär relevanten Geheimbundbegriffs am Beispiel der „Boxer" in China (1774–1900)*, Münster: LIT, 2002.

sein, dass er die Verdorbenheit der Natur kultiviert und ihre Mängel behoben hat.“

Der Kaufmann: „Jawohl, so müssen wir uns verhalten. Wie könnten wir sonst unsere Ware verkaufen und unsere Produkte umsetzen, was ja die Basis unseres Lebensunterhaltes bildet und wonach die Nachfrage auf unseren Märkten allein zu gering ist, wenn die Chinesen sich erkühnen, uns die Stirn zu bieten und unsere Geschäfte lahm zu legen? Und warum sollten wir unsere Köpfe in den Wissenschaften abmühen und uns unglücklich plagen, während es in der Welt so viele Nationen gibt, die auf einem Boden aus Gold schlafen wie Wächter auf Schätzen und daraus keinen Nutzen ziehen, die aber auch die anderen, die es verdient hätten, indem sie ihre Geheimnisse entdeckt und ihre Schleier enthüllt haben, keinen Nutzen aus der Güte der Natur ziehen lassen.“

Der Philosoph: „Wenn ihr über die wahre Zivilisation redet, die sich wirklich auf Freiheit, Gleichheit und Brüderlichkeit gründet, die alle Menschen ohne Ausnahme mit Gerechtigkeit und Wohltätigkeit umfasst, die ihnen die Mittel für Frieden und Sicherheit in Wohlstand und Reichtum bietet, dann hätten wir kein bisschen teil an ihr, wenn wir glaubten, sie bestehe nur aus technischen Mitteln und militärischer Mobilisierung, aus mannigfaltigen Kriegskräften und darin, das Volksvermögen dafür auszugeben, bis wir kein Auskommen mehr in unserem eigenen Lande haben, so dass wir in entlegenen Gegenden der Erde danach suchen müssten und unsere Kriegsmaschinerie gegen deren Völker einsetzten.

Und wir hätten auch nicht im Geringsten teil an dieser Zivilisation, wenn wir glaubten, wir seien die Engel auf Erden, die besten der Menschen, die Herren der Schöpfung, weshalb wir den Rest der Welt verachten. Wir wären mit ihm nur zufrieden, wenn er seine Tradition änderte und seine Bräuche abschaffte, wenn er sich uns überließe, uns die Leitung über sich übertrüge, wir ihn bevormundeten, ihn zu dem brächten, was wir wollten, und zu dem trieben, wonach uns der Sinn stünde.

Die Zivilisation heißt auch nicht, dass wir zum Chinesen am Ende der Welt gehen, wo er unter seinen Leuten und Kindern in Sicherheit sein gewohntes Leben führt, mit dem er zufrieden ist, und in einer Lebensordnung, die er gut heißt, um ihm zu sagen: ‚Steh auf, denn wir bringen dir Wahrheit und Rechtleitung. Auf! Zerstöre deine Götzen, reiße deine Opferstellen nieder, verbrenne dein heiliges Buch, ändere deine Kleidung und dein Essen, lüfte deinen Schleier und werde ein Europäer im alten China und ein Abendländer im Fernen Osten.‘ Wenn er uns dann sagt: ‚Ich begreife nichts von dem, zu was ihr mich aufruft, und ich weiß nicht, was für eine Lehre das ist, deren Botschaft ihr mir verkündet!‘, so antworten wir ihm: ‚Dies ist weder Religion noch Lehre, sondern der Aufruf der westlichen Zivilisation, den wir dir bringen, damit du dich für sie entscheidest und sie übernimmst.‘ Darauf erwidert er: ‚Wenn ihr eine westliche Zivilisation habt, dann haben wir eine östliche Zivilisation, die sich auf die Erfahrungen vieler Generationen stützt und rein und unverfälscht bei uns geblieben ist. Sie wurde durch die Zeiten vervollkommnet und bewahrt. Keine Tradition oder Bräuche können die Zeit überdauern, wenn sie kein festes Fundament und kein reines Wesen haben. Wenn ihr euer Dasein in der Welt auf siebentausend Jahre datiert, so führen wir unser Dasein auf Hunderttausende von Jahren zurück. Und wenn eure Zivilisation das Kind von ein oder zwei Jahrhunderten ist, ist unsere Zivilisation das Kind von Dutzenden von Jahrhunderten. Wir einigten uns auf sie und machten uns mit ihr vertraut, wir genossen das Leben in ihrem Schatten durch die Zeiten. Es gehört zu den Kennzeichen einer richtigen Zivilisation, dass man in ihr sicher und in Frieden lebt, keiner das begehrt, was ihm nicht gehört, und keiner das Recht eines anderen ergreift. Ihr wisst, dass wir unser Leben lang keine Gier nach eurem Boden verspürten und dass wir keine Eroberungskriege führten. Die Zivilisation zeichnet sich auch dadurch aus, dass das Volk nicht von Luxus und übertriebenem Reichtum verdorben wird, was zur Folge hätte, dass es verweichlicht und die Nachkommenschaft vermindert würde. Ihr wisst auch, dass unser Land das meist bewohnte ist und die größte Zivilisation besitzt.‘ Wir sagen darauf: ‚Wie irreführend sind eure Träume, ihr Chinesen! Wisst ihr denn nicht, dass unsere Zivilisation – und keine andere –, die Zivilisation der ganzen Welt ist? Sie beruht auf Wissenschaft und Erkenntnis, sie steht auf solidem Grund, den sich die Menschen seit Urzeiten wünschen. Sie tappten sehr lange herum, ohne sie zu erreichen, bis die Natur ein neues Zeitalter heran brechen ließ und uns gebar. Wir brachten ihnen Rechtleitung und Barmherzigkeit für die Menschen,[20] und wir schworen uns, die Menschen dazu aufzurufen, damit sie ihr Leben in Glück verbrächten. Dazu wiesen uns die Führer der Zivilisation und die Propagandisten unter uns an.‘

Wenn dies die Zivilisation ist, mit der wir prahlen und die wir diskutieren, dann ist es kein Wunder, dass die Völker des Ostens denken, sie sei nur ein Mittel der Eroberung, um die Begierden zu befriedigen.“

ʿĪsa ibn Hišām sagte: Da kam ein graziles Mädchen, das sich beim Gehen hin- und herwiegte, und schimpfte den Schriftsteller, weil er sie so lange hatte warten lassen und sich derweil bei einer Unterhaltung vergnügte. Sie trieb ihn vor sich her mit dem Stock ihres Schirmes. Der Kaufmann folgte ihnen. Der Philosoph warf argwöhnische Blicke auf die Drei und tadelte sie wegen ihrer verdorbenen Ansichten.

Der Freund wandte sich an mich und sagte: „Wie ungewöhnlich ist dieser französische Herr! Wie hartnäckig und kühn vertritt er die Wahrheit! Ich fände es sehr gut, wenn wir mit seinesgleichen verkehrten, um uns von ihm leiten zu lassen.“

Ich schaute den Herren an und sah, dass er uns Blicke zuwarf, unserer Unterhaltung auf Arabisch zuhörte und uns freundlich gesinnt zu sein schien. Ich erwiderte ihm mit einem Lächeln, um seine Zuneigung zu gewinnen. Er sprach uns

20 Die Wendung „Rechtleitung und Barmherzigkeit für die Menschen“ kommt an mehreren Stellen im Koran vor, z. B. 7, 52; 12, 111; 16, 64.

an, und wir begannen, die Fäden der Unterhaltung zu spinnen. Wir fragten uns gegenseitig nach unseren Anliegen. Uns wurde klar, dass er ein Professor der Philosophie war, ein Orientalist, der sich mit dem Morgenland und dessen Volke beschäftigte. Wir erklärten ihm ehrlich, was wir uns von ihm erhofften. Er war mit uns eins, dass wir uns zusammentun und ihm vom Orient erzählen würden, und er uns vom Okzident. Er lud uns ein, morgen die Messe zu besuchen. Wir schenkten ihm dafür unseren Dank.

Die Messe

ʿĪsa ibn Hišām sagte: Und wir gingen, um das ʿUkāẓ[1] der Völker und Königreiche aufzusuchen, den Markt der Schicksale und Bestrebungen, wo man Kostbarkeiten und Wunder erleben kann, wo die Menschen ihre Stärke und ihren Willen demonstrieren, eine Rennbahn der Erfindungen und Entdeckungen, ein Platz des Schaffens und eine Ausstellung der Vernunft und rechten Leitung in bester Tradition. Die Messe hatte fünfzig Tore in verschiedenen Entfernungen. Wir erreichten sie, indem wir durch das größte und nächstgelegene Tor eintraten.

Das Tor ist eine Kuppel auf drei Säulen, die mit ihren oberen Enden die Wolken berühren, als wären sie so hohe und breite Hügel, dass, wenn ein gewaltiges Heer unter ihnen ginge, die Soldaten sich nicht berührten. Auf jeder Seite ist ein Turm, der den umherziehenden Wolken ein Gefährte ist. Auf der Spitze eines jeden dreht sich eine Laterne, und was für eine! Wenn sie angezündet wird, macht sie die tiefschwarze Nacht zu einer leuchtenden Glut. Beide sind Wegweiser, auf deren Spitze ein Feuer brennt, so dass die Nacht zum Tage wird. Wer hilft Ṣaḫr, dem Bruder von Ḫansāʾ,[2] dabei, diese Türme in der Dunkelheit der Wüste zu finden, obschon er doch derjenige ist, der in der Elegie betrauert wurde:

Ṣaḫr ist derjenige, in dem selbst die Führer Führung finden,
als sei er ein Zeichen, auf dessen Spitze ein Feuer ist.

Denn die beiden Türme sind Säulen aus Dämmerung, nicht aus Stein.[3] Sie umgeben die Skulptur einer schönen, jungen Frau[4], die auf der Spitze der hohen Kuppel thront. Sie ist von schlankem Wuchs, ihre Brüste stehen hervor, ihre Beine sind wohlgeformt. Sie hat Schurz und Schärpe ausgezogen und erscheint im Morgenhemd, das sie mit ihren Händen an die Brust drückt aus Angst davor, dass die Brise ihr Geheimnis lüftet. Wenn der Mond ihrem Gesicht entgegenträte, trübte sich sein Antlitz und würde von Sommersprossen überzogen; dann

---

1 Vorislamischer, arabischer Markt, auf dem Poesie vorgetragen und kritisiert wurde. Er hielt sich in islamischer Zeit noch bis zum Jahre 127/745 (vgl. Irfan Shahid: „ʿUkāẓ", in: *EI²*, Bd. 10, Leiden, S. 789; Yāqūt: *Muʿǧam al-buldān,* Bd. 3, S. 704-705).

2 Ḫansāʾ, arabische Dichterin vorislamischer Zeit. Ṣaḫr war einer ihrer beiden Brüder, die in einem Stammeskrieg fielen. Sie ist berühmt für ihre Trauergedichte auf ihn und ihren anderen Bruder Muʿāwiya (F. Gabrieli: „al-Khanṣāʾ", in: *EI²*, Bd. 4, Leiden 1978, S. 1027; *GAL* G I, S. 40, S I, S. 70; *GAS* II, S. 311-314; Ignazio Guidi: *Tables alphabétiques du Kitâb al-Aġânî,* Leiden: Brill, 1900, S. 327-328; Giuseppe Gabrieli: I tempi, la vita et il canzoniere della poetessa araba al-Hansāʾ, Rom: Instituto per l'Oriente, ²1944 (nicht eingesehen)).

3 *ṣaḫr* ist arab., „Felsen, Stein".

4 Hier wird Marianne, die Frau, die die französische Nation symbolisiert, beschrieben. Offenkundig liegt hier eine Verwechslung vor, denn die Frauenfigur auf der *Porte monumentale* ist eine Allegorie für die typische Pariserin, sie wurde jedoch nicht mit entblößter Brust dargestellt. Andererseits scheint es sich hier wirklich um die *Porte monumentale* zu handeln (vgl. Brockmeier: „Die Pariser Weltausstellung in deutschen Kulturzeitschriften", S. 31).

hüllte er sich in die Wolken und versänke. Die Venus ist eifersüchtig auf sie wie eine Nebenfrau auf die Erstfrau, sie versiegt in Dunkelheit und verschwindet vor den Augen. Wenn an-Nābiġa aḏ-Ḏubyānī[5] sich aus seinem Grab erhöbe, bezeugte er, dass sie die Statue sei, mit der er al-Mutaǧarrida[6] in seinen Gedichten beschrieben hat:

Oder [ist sie] etwa eine Statue, die aus Marmor oder verputztem Ziegelstein errichtet ist?!
Oder eine Perle in der Muschel, die den Taucher erfreut, wann immer er sie sieht,
wobei er jubelt und sich in Ehrfurcht neigt?!
Wenn sie plötzlich einem älteren Mönch erschiene, so betete er zu Gott
in tiefer Frömmigkeit.
Er schaute ihre Erscheinung und Gestalt unverwandt an und dächte,
sie sei die Rechtleitung, auch wenn er sich irrte.

Sie ist das Wunder der bildenden Künste und der Malerei. Die Künstler stellen sich in ihr das Land Frankreich vor, das die Einwanderer begrüßt, wie sie auch die Besucher der Messe willkommen heißt. Das ganze Tor ist mit Kristall eingelegt. Wenn die Strahlen des Lichts darauf glitzern, denkt man, sie seien Knospen auf Zweigen, oder die Schleppen der Pfauen in verschiedensten Farben. Oder vielmehr denkt man, sie seien Halsbänder aus Perlen und Juwelen und Ketten aus Rubin, Saphir und Topas, oder noch besser: sie seien aus einem Mosaik von Diamanten, in denen man das Spektrum der Sonne sieht.

Als wir dann das Tor hinter uns gelassen hatten, kamen wir in eine weite Ebene und ein grasbewachsenes Tal. Aus seinem Boden wuchsen hohe Schlösser, wie Bäume in einem Garten wachsen. In diesem Tal gehen die Kameltreiber verloren und die Anführer geraten in Verlegenheit. Kein Wunder, denn die Stadt gleicht in ihrer Breite einem Land, und diese Messe in ihrem Zentrum ist wie eine Großstadt. Wir liefen und liefen auf einem Boden, in dem die Pflanzen der Gärten und Paradiese, duftende Blumen und Kräuter blühen. Zwischen ihnen gibt es Figuren und Statuen, die etwas Feines und Erhabenes ausdrücken; beinahe richten sie unerwartet das Wort an einen oder geben den Widerhall einer Antwort.

Als das Auge von diesen offenkundigen Schönheiten erfüllt und der Verstand von jenen herrlichen Anblicken verrückt wurde, drehte ich mich zu meinen Gefährten, um zu erfahren, was in ihren Köpfen vor sich ging, und um zu spüren, was sie wohl fühlten. Ich sah den Pascha, wie er ganz in sich vertieft und gesenkten Kopfes schwieg. Da sagte er flüsternd bei sich: „Gelobt seien sie! Wie fort-

---

5 An-Nābiġa aḏ-Ḏubyānī: arabischer Dichter vorislamischer Zeit, berühmt für seine *muʿallaqa* (ausgezeichnetes Gedicht vorislamischer Zeit). Er wirkte ca. 570-600 n. Chr. (A. Arazi: „al-Nābigha al-Dhubyānī", in: *EI*², Bd. 7, Leiden 1993, S. 840-842; *GAL* G I, S. 22, S I, S. 45; *GAS* II, S. 110-113). Zu seinem Diwan s. Ahlwardt: *The Divans of the six ancient Arabic poets* (s. Fußnote 17).

6 Al-Mutaǧarrida war die Frau des letzten Laḫmidenherrschers Nuʿmān III. (reg. 580-602) (Arazi: „al-Nābigha al-Dhubyānī", S. 841).

schrittlich sie bauen und erneuern! Mit unerhörten Ernst und Eifer erweitern und vermehren sie! Wie sehr sie sich mit dem beschäftigen, wovon das Geringste dem Menschen reichen und dessen Wohl garantieren würde! Wenn der Sohn Adams sicher wüsste, dass sein Ende das Grab ist, begnügte er sich nicht mit Äußerlichkeiten. Seine Sorge um das Ausheben seines Grabes wäre größer als die um den Bau seines Schlosses. Denn dort verweilt er länger als hier. Wenn er wüsste, dass diese mit Gold geschmückten Steine auf den hohen Terrassen bald zu Grabsteinen auf den verfallenen Gräbern würden, täte er nicht so, als lebe er ewig, während er eine Geisel in den Krallen des Todes ist:

Von der Zeit zertrümmerte Leben bauen die Häuser,
Atem um Atem und Stunde um Stunde.

Ich fand den Freund unbeeindruckt. Er schaute auf das, was wir großartig fanden, wie der Bauer auf sein Dorf und wie der Beduine auf die Ruinen seines Zeltes. Nichts verwunderte ihn, er war auch nicht stolz auf das, was die Träume der Menschen beflügelt.

Ihn interessiert nichts, und kein Wunder ist ihm verwunderlich.

Trotzdem war er nicht ruhig und gelassen, als ob er tief in Gedanken versunken wäre, auf der Suche nach einem Übersinn. Er sammelte alle Gedanken und Erinnerungen. Ich fragte ihn nach dem, was ihn beschäftigte, der aber gewährte weder Antwort, noch Hilfe. Ich hörte ihn halb singend rezitieren:

Wie wenig man Lehren aus der Zeit zieht, und wie leicht
man sich durch Hoffnung verführen lässt!
Man ergeht sich gern in Eitelkeit und stürzt sich in schlüpfrige Schicksalsschläge.
Wenn man älterer Generationen gedenkt, findet man heute
etwas anderes als ausgestorbene Völker?
Wo bleibt denn der Herr über Sadīr, der Herr über das weiße Ḥīra
oder der Herrscher des Īwān?[7]
Und wo bleiben die scharfen Schwerter von Badr[8] *und die Speere*
des Stammes von Rayyān?
Sie schlürften den Wein aus goldenen Schalen wie der Durstige aus dem Teich,

---

7 Sadīr und Ḥīra sind berühmte Städte im heutigen Irak (A. F. L. Beeston, Irfan Shahid: „al-Ḥīra", in: *EI*², Bd. 3, Leiden 1971, S. 462-463; Yāqūt: *Muʿǧam al-buldān*, Bd. 3, S. 59-61, wo Sadīr nicht nur als Stadt, sondern auch als Fluss und Palast beschrieben wird; Yāqūt: *Muʿǧam al-buldān*, Bd. 2, S. 375-380). Mit *īwān* werden an einem Ende offene Hallen bezeichnet, aber auch Paläste des Schahs im alten Persien, wie z. B. der sassanidische Palast in Ctesiphon, der hier wohl gemeint ist (O. Grabar: „Īwān", in: *EI*², Bd. 4, Leiden 1978, S. 287-298, bes. 287; Yāqūt: Muʿǧam, Bd. 1, S. 425-429).

8 Anspielung auf Muḥammads ersten großen Kampf 624 n. Chr., den er erfolgreich in Badr, in der Nähe von Madīna, gegen die Quraiš aus Mekka führte (W. Montgomery Watt: „Badr", in: *EI*², Bd. 1, Leiden 1960, S. 867-868; aṭ-Ṭabarī: *Taʾrīḫ*, S. 1282-1338; William Montgomery Watt, M. V. McDonald (Übers.): The History of al-Ṭabarī, Bd. 7: The Foundation of The Community, Albany (N. Y.): State University of New York Press, 1987, S. 26-67).

Könige aus alten Zeiten, die in ihren Residenzen lebten.
Die Gesandtschaften sahen sie von ferne, die Brust geschwollen vor Stolz,
In sich wandelnden, üppigen Tälern und gelassenen, geduldigen Bergen,
Für den Durstigen waren sie erquickendes Wasser und für den Umherirrenden ein Feuer in der Nacht.
Doch die starke Hand mit dem mutigen Speer konnte den Tod nicht fernhalten.
Die Zeit hat sich von ihnen abgewandt, so sah sie jeder Gemeine, nachdem sie ihre Stellung verloren hatten.
Der Tod hat ihre Eigenwilligkeit gebrochen und ihnen Zügel der Ergebenheit und Niederwerfung angelegt.
Kein Kühner bleibt ewig stolz und kein Schwacher für immer demütig.

Ich sah den greisen Philosophen verlegen seine Schulter bewegen und sich umschauen. Er sagte, indem er sich uns zuwandte: „Wie ähnlich sind die neuen Völker den alten, wenn sie mit dem vergänglichen Schein und Trug prahlen. Es glaube keiner, dass alles, was er hier Prächtiges sieht und was er an kolossalen Bauwerken großartig findet – trotz all der Gelder, die dafür ausgegeben, und all der Bemühungen, die in sie hineingesteckt wurden –, all die Jahre überdauern wird, sondern nur Tage und Monate wird alles überleben. Nichts von all diesen Bauten bleibt für immer, bis auf die beiden Schlösser." Und er wies auf zwei sich gegenüber stehende Schlösser, als wären sie in ihrer Höhe die Spitzen zweier Berge. Da fing der Pascha an, ihn zu fragen und sich bei ihm zu erkundigen, wobei ich für ihn übersetzte.

Der Pascha: „Und wie viele Gelder sind für den Bau dieser Messe ausgegeben worden?"

Der Philosoph: „Die Regierung beteiligte sich mit 20 Millionen französischer Francs und das Pariser Rathaus ebenfalls mit 20 Millionen. Es wurde auch ein Verein gegründet, der 60 Millionen investiert hat, mit denen er 65 Millionen Eintrittsbillets für die Besucher ausgestellt hat, unter Garantie der Immobilienbank."

Der Pascha: „Und was ist der Zweck?"

Der Philosoph: „Ursprünglich sollte die Messe Gewinn einbringen. Das Ziel der Messe ist es, die Werke und Produkte vorzustellen, um zu zeigen, welche Erfolge und was für ein Können eine Nation von Zeit zu Zeit vorzubringen hat, damit die Bemühungen verdoppelt werden und die Bestrebungen in Entwicklung und Fortschritt auf den unterschiedlichsten Stufen der Zivilisation miteinander wetteifern."

Der Pascha: „Meinst du, dass sie großen Gewinn bringt?"

Der Philosoph: „Man hoffte auf riesigen Gewinn, aber diese Hoffnung wurde enttäuscht. Die Gesellschaft schätzte die Zahl der Besucher auf 65 Millionen innerhalb der Öffnungszeit von 204 Tagen. Aber bis jetzt haben sie nur 10 Millionen besucht, obwohl schon die Hälfte der Zeit vergangen ist, und 70 Firmen haben bis heute Konkurs angemeldet. Die letzte Firma, deren Konkurs ich erlebt habe, ist die Firma „Die Straße von Kairo". Ich sah, wie man ihre Ausstellungsgegenstände und Möbel gemäß einem Gerichtsurteil in einem Pavillon verkaufte, den die Firma vorbereitet hatte, um alles, was auf den Straßen eurer Stadt vor sich geht, zu versammeln: Affenspiel, Schlangenzauber, Negertanz, Kamel- und Eseltreiberei. Ich sah, wie die Kamele – sie waren drei – für 250 Francs verkauft wurden. Jeder der 40 Esel wurde für 19 Francs verkauft. Wer sich diese Tiere ansah, als sie für diesen niedrigen Preis außerhalb ihrer Heimat zum Verkauf angeboten wurden, stellte sich mit ihren Augen vor, sie beweinten ihren Unglücksstern und ihren niedrigen Wert in der Fremde. Und frage dann nicht nach der schlechten Lage der Männer und Frauen, die die Tiere begleitet haben! Der Konkursverwalter bürgte für sie und ließ ihnen ein wenig Geld zuteil werden, damit sie in ihre Heimat zurückkehren konnten. Alles in allem ist der Verlust in dieser Messe sehr groß. Ich glaube, sie haben sich einen großen Fehler geleistet, als sie den Messeplatz so sehr vergrößerten, dass man, wenn man eine Runde macht, nicht weniger als 10 Kilometer geht. So verteilten sie die Messe und zerstreuten sie trotz der wenigen Besucher. Wenn sie den Platz verkleinert hätten, wäre das viel besser gewesen."

Der Freund: „Ist diese Firma, die du erwähnst, die ‚Firma der ägyptischen Messe', von der wir schon gehört haben?"

Der Philosoph: „Nein, sie ist eine französische Firma. Es ist nicht notwendig, dass die Besitzer der Firma Ägypter sind."

Der Pascha: „Und warum habt ihr bei dieser Messe nicht so gut kalkuliert, wie ihr in anderen Gelegenheiten so penibel und scharfsinnig seid?"

Der Philosoph: „Sie haben damit gerechnet, dass alle Völker der Welt aus allen Winkeln heraneilen würden. Und sie dachten, dass die meisten ihrer Könige zu der Messe kommen und ihre Schatzkammer ausgeben würden. Von den Königen des Okzidents kam keiner außer dem König von Schweden. Und außer dem Schah von Iran besuchte sie keiner von den Königen des Orients. Sie hatten zuvor 56 Königreiche eingeladen, an der Messe teilzunehmen, aber nur 30 davon nahmen die Einladung an."

ʿĪsa ibn Hišām sagte: Indessen hatten wir das Tor eines der beiden berühmten Schlösser erreicht, die dazu dienten, die – wie sie sagen – schönen Künste auszustellen. Es war unter dem Namen „Petit Palais" bekannt. Wir beschlossen, es als allererstes zu besuchen. Als wir eintraten, fanden wir, dass sein grandioser Bau, sein Schmuck, seine Ornamentik und seine Gemälde viele derjenigen der Königs- und Kaiserschlösser übertrafen; ganz zu schweigen von den 12 Millionen Francs, die für seinen Bau ausgegeben worden sind. In ihm stellten sie die Wunderwerke der älteren Völker seit der römischen Epoche bis zum 18. Jahrhundert aus: von geprägten Münzen, über die Verzierung der Kirchentore, bis zu Tonware, Schmuck und Juwelen, von bestickten Schuhen bis zu mit Edelsteinen besetzten Kronen. Hier ist die Feder unfähig zu beschreiben. Solche Wunderwerke kann man nicht durch Hörensagen erfassen, sondern nur dadurch, dass man sie betrachtet. Sie beeindrucken denjenigen, der sie sieht, mehr als denjenigen, der über sie liest. Als wir unsere erste Runde im Schloss beendeten, hielt der Freund den Pascha an, um ihn nach dem zu fragen, was er an Seltenheiten und Meisterstücken gesehen hat.

Der Pascha: „Ich sehe nur das, was es bei uns auf alten Märkten und in herrschaftlichen Häusern gab."

Der Philosoph: „Ihr sollt wissen, dass alles, was ihr hier seht, die rarsten und teuersten Dinge der Welt sind; sie sind über jeden Zweifel erhaben. Ein Beispiel dafür ist diese Uhr neben uns, für die ihr kein Interesse gezeigt habt. Ein Reicher wollte sie kaufen, feilschte um sie für 3 Millionen Francs, aber deren Besitzer wollte sie nicht hergeben, weil der Preis zu niedrig war. Sie besteht nur aus einer Kugel, die von drei Marmorsäulen getragen wird; die Kunstfertigkeit und das Alter vermachen uns diesen erstaunlichen Wert."

Der Freund: „Wahrlich, die Abendländer sind zu beneiden, da sie die Eigenschaft besitzen, Seltenheiten und Altertümer zu bewahren. Denn sie zu betrachten, erweckt ein erhabenes Gefühl und ist ein schönes Gedenken an den Ruhm vergangener Völker und eine nützliche Lehre in Geschichte. Außerdem liegt in dem kontinuierlichen Aufbewahren von Werken, was dem Gedankengut Nutzen bringt und die Entwicklung der Arbeit vorantreibt. Wir Morgenländer vernachlässigten dies, was unverzeihlich ist, bis die Großtaten in Vergessenheit gerieten und wir nichts mehr über die Qualität des Lebens bei den vergangenen Geschlechtern wussten, es sei denn Namen ohne Bedeutung. Sag mir um Gottes Willen: Was ist heute am schönsten anzusehen, und was hinterlässt das erhabenste Gefühl? Hätten wir nur das bewahrt, was die Nachlässigkeit verloren gehen ließ, wie ʿUmars[9] Perle, Maʿdī Karabs Schwert Ṣimṣāma,[10] ʿUṯmāns Hemd,[11] ʿAlīs Rüstung,[12] ar-Rašīds[13] Krone und al-Muʿizz'[14] Flagge! Trotzdem finde ich, dass die Abendländer die Grenzen überschritten haben und es übertreiben. Der Wettbewerb unter ihnen um Besitz des Alten führt sie auf einen tadelnswerten Weg, weil sie viel Vermögen für solche Sachen aufwenden. Wäre nicht dieser alte

9 ʿUmar Ibn al-Ḫaṭṭāb (reg. 634-644), zweiter der vier sogenannten rechtgeleiteten Kalifen. (Vgl. G. Levi Della Vida, M. Bonner: „ʿUmar (I) b. al-Khaṭṭāb", in: *EI*², Bd. 10, Leiden 2000, S. 818-821).

10 Legendäres Schwert des ʿAmr ibn Maʿdī-Karib (vgl. Charles Pellat: „ʿAmr b. Maʿdīkarib", in: *EI*², Bd. 1, Leiden 1960, S. 453). Nachdem er den Islam angenommen hatte, schenkte er es Ḫālid ibn Saʿīd ibn al-ʿĀṣ, einem der ersten Gefährten Muḥammads (G. Levi Della Vida: „Ṣamsāma", in: *EI*², Bd. 8, Leiden 1995, S. 1051).

11 ʿUṯmān ibn ʿAffān (reg. 644-656), dritter der vier rechtgeleiteten Kalifen (vgl. G. Levi Della Vida, R. G. Khoury: „ʿUthmān b. ʿAffān", in: *EI*², Bd. 10, Leiden 2000, S. 946-949).

12 ʿAlī ibn Abī Ṭālib (reg. 656-661), vierter der vier rechtgeleiteten Kalifen (vgl. L. Veccia Vaglieri: „ʿAlī b. Abī Ṭālib", in: *EI*², Bd. 1, Leiden 1960, S. 381-386).

13 Hārūn ar-Rašīd (reg. 786-809): fünfter ʿabbāsidischer Kalif (vgl. F. Omar: „Hārūn al-Rashīd", in: *EI*², Bd. 3, Leiden 1971, S. 232-234). Er ist vor allem durch die Geschichten aus *Tausendundeiner Nacht* bekannt geworden.

14 Al-Muʿizz li-Dīn-Allāh (reg. 953-975 n. Chr.): vierter und letzter Fāṭimidenkalif in Ifrīqiya. Er eroberte Ägypten und dehnte die fāṭimidische Herrschaft bis ins ʿAbbāsidenreich aus.

Kram, könnte man das Geld als Wohltat an die Menschen verteilen. Wie viele in dieser zivilisierten Welt gibt es, die keinen einzigen Franc für den Lebensunterhalt eines Tages finden, während ein Liebhaber von Kunststücken 3 Millionen für den Kauf eines Stücks Marmors wie diesem anbietet."

Der Philosoph: „Jawohl, du hast ja Recht, wenn du uns für diese Übertreibung nur um des Prahlens willen tadelst, während die Menschen ihres Lebensunterhaltes beraubt werden. Aber wir haben jetzt nicht genug Zeit, um ausführlich die Vorteile des Sozialismus zu erörtern."

ʿĪsa ibn Hišām sagte: Allmählich waren wir müde und erschöpft, ohne jedoch Überdruss oder gar Langeweile zu verspüren. Der Körper aber verlangte nach Ruhe und Erholung. Also verließen wir betrübt und mit einigem Bedauern das Schloss.

Das Grand Palais

ʿĪsa ibn Hišām sagte: Nach dem kleinen besuchten wir das große Schloss, also das große Wunder nach dem kleinen. Es drückt die unvorstellbare Schönheit in Architektur und Kunstfertigkeit in allem aus, was es in den beiden Gebäuden an Schätzen gibt, wie sie keiner vorher besaß und weder König noch Kleinfürst erlangte.

Die Schatzkammern von Krösus sind gegen sie nur aus Staub und Kiesel, das Diadem Marias nur aus durchbohrten Perlen und Dattelkernen. Die Halskette ʿAmrs ist gegen sie nur die Kette der Gefangenen, die Beutestücke Alexanders des Großen nur aus Lumpen der Besessenen und Heiligen, und das bestickte Kleid von Darius[1] ist nur die Kutte eines Mönchs. Die Stifte der Beredten sind gegen sie nur wie die Spindeln der Weiber, wenn jene versuchen, das alles in Versen zu schildern und im eleganten Stil abzufassen. Was können Federn denn zu all den Schätzen der Erde äußern, die an diesen beiden Stätten bewahrt werden? Wenn nur ein bisschen von dem, was wir gerade erwähnt haben, unter den Menschen aufgeteilt würde, müsste keiner sich für den Lebensunterhalt abmühen, und keiner beklagte sich über das Armenleben oder weinte um das Elend der Zeit. Der Mittellose unter den Menschen würde reich, und der Name der Armut wäre in der Welt vergessen. Alle Menschen hätten denselben Rang und Wert, und sie schlügen den Weg des Betruges und der List nicht mehr ein. Ja, kein Räuber griffe einen Beraubten an, kein Sieger ermordete mehr einen Besiegten. Keiner beginge Sünden und Frevel, und die Menschenseelen hätten keinen Wunsch und kein Verlangen mehr. Denn beide Schlösser stehen für alle Zeiten da, stolz darauf, was selbst die Ewigkeit an Vermögen und Fülle nicht kennt.

Wir gingen von Raum zu Raum, um die Kunstwerke und Seltenheiten zu betrachten. Das Wunderbarste, was der Blick an Perlen und Prachtstücken offenbarte, war die Ausstellung der Statuen und Gemälde. O, wie viele Bilder gab es dort, die solides Können und Vervollkommnung schufen und dem Verstand das abbilden, was Worte nicht zum Ausdruck bringen können. Sie bilden die Geschehnisse der Geschichte und ihre Schauplätze ab, als ob man da wäre und sie selbst sähe. Der Pinsel des Malers und der Meißel des Steinhauers erklären einem, wozu die Feder des Schriftstellers unfähig ist, durch einen farbigen und verzierten, aber klaren Ausdruck:

Es zeigt dir die Wünsche, so dass du sie dir wünschst,
und formt dir die Traumbilder, so dass sie erschaffen werden.

---

1 Darius III. (reg. 336-330 v. Chr.): letzter persischer König des Achämenidenreiches, das von Alexander dem Großen erobert wurde. In der Legende um die Entstehung des persischen Reiches ist Alexander der Halbbruder von Darius III. (B. Carra de Vaux, H. Masse: „Dārā, Dārāb“, in: *EI²*, Bd. 2, Leiden 1965, S. 132-133).

Dort gibt es alles, was du dir wünschen kannst: Werke, die das Gefühl vom Rost befreien und die Kanten der Seele rund schleifen. Dich überkommt freudige Erregung, wenn du sie siehst, und deiner bemächtigt sich ein Hauch von Zauber, der von ihrer Gestalt ausgeht. Man stöhnt beinahe um den getöteten Ritter oder hat Mitleid mit dem von Leiden verzehrten Liebhaber. Man bittet um Gnade für den durch Speer und Schwert Umgekommenen oder bittet um Vergebung für den Märtyrer der Liebe und Leidenschaft. Das schöne, junge Mädchen raubt einem den Verstand, und man trägt sinnliches Verlangen nach seiner Liebe und begehrt seine Nähe, wären da nicht die Wächter von seinem Stamm, die ihre Zelte um es herum aufgeschlagen haben.

Dort sieht man das Bild einer jungen Frau von blendender und ewiger Schönheit. Auf ihrem Gesicht schimmert das Licht der Keuschheit und Zurückhaltung. Auf ihrem Antlitz zeigen sich Ernst und Würde begleitet von Unbeugsamkeit und Entschlossenheit.

Mit Füßen tritt sie einen Drachen, der hundert Mäuler hat, um zu morden und zu zerreißen. Sie sticht ihn mit dem Speer in den Bauch und tötet ihn. Um ihren Kopf schwebt eine Schar Siegesengel, die die Krone des Stolzes und der Erhabenheit auf ihr Haupt setzen. Dies ist das Bild der „Tugend“ in ihrem Kampf gegen das „Laster“. Zu ihrer Rechten steht eine anmutige Edle – der sichtbar Glorie und Würde innewohnen –, die sie voller Freude über den Sieg ihrer Partei und voller Genugtuung über die Erfüllung ihrer Wünsche anschaut. Sie verkörpert die „Weisheit“, durch die allein die Tugend in ihrem unverfälschten Wesen erreichbar ist. Zu ihrer Linken steht eine andere Edle, auf deren Stirn das Licht des Wissens und des Glaubens und die Kraft der Erkenntnis leuchten. Während sie einen Säugling auf ihrer Schulter trägt und ihm etwas überreicht, was einem Stift oder einer Feder ähnelt, wirft sie ehrerbietig einen Blick der Achtung und der Ehre auf die „Tugend“. Sie verkörpert das „Wissen“ und seine Vorzüge; das Kind steht für den Menschen in seiner Unwissenheit.

Und man sieht eine gerechte Frau, an jeder Brust ein Kind, das sie stillt und umarmt, küsst und riecht. Um sie herum nackte Kinder, die sie zu ihrem Schoß zieht und sie mit ihrem Überwurf schützt. Auf ihrem Antlitz sind Züge von Glück und heiterer Zufriedenheit. Beinah erblickt man in ihr, was die Hand der Zeit an Schönheit und Liebreiz verborgen hält. Sie verkörpert „Güte und Wohltätigkeit“.

Dann sieht man das Bild einer reizenden, jungen Frau, als sei sie eine Gazelle im Wald. Ihr Haar reicht bis zu dem Saum ihres Gewandes und zeigt die Nacht am lichten Tag:

Sie hat unverschleiertes Haar, das die Nacht widerspiegelt, während der Morgen leuchtet,
und ein Antlitz, das den Morgen widerspiegelt, während die Nacht im Dunkeln liegt.

Sie erscheint in einem gewundenen Wald von Aloeholz, von Veilchen und Rosen. Die Erde ist hier und da mit Blumen bedeckt, und das Dach thront auf den Ästen der Bäume:

Sie stolziert in grünem Chrysolith einher, das von zerstreuten Perlen genährt wird.
Jeder Hügel sehnt sich nach einem Tanz in einem kurzen Rock aus Pflanzen.

Die Sonne streut Goldstücke auf sie wie auf eine Braut, so viele, dass die Hand ermüdete, wollte man sie alle anfassen. So ermüdete al-Mutanabbī, als er das Tal von Bawwān[2] überquerte und versuchte, die ineinander verschlungenen Zweige zu beschreiben:

Ich ging, und sie schützten mich vor der Hitze, aber gaben mir genügend Helligkeit.
Der Sonnenaufgang warf auf meine Kleidung Goldstücke, die den Fingern entronnen.

Die Vögel sitzen zwitschernd um sie her, als ob sie der Frau Auskunft über die Rückkehr ihres Geliebten gäben: „Jede Taube unter uns sehnt sich tief nach einem Geliebten, den sie verloren hat." So wird das Liebesfeuer der Frau stärker, und sie gurrt mit den Tauben. Diese Frau ist die „Natur" in ihrer angeborenen Schönheit und erhabenen Kraft.

Man sieht den blinden Homer, Gelehrter der griechischen Poesie, der in prächtige Gewänder gehüllt ist. Sein Bart glänzt von Weiß. Mit seinen Augen gebietet er Ehrfurcht. Er herrscht über ein Königreich: das Königreich der Gedichte, nicht das der Länder; die Herrschaft über Metren, nicht über Staaten. Während die Dichter der Dschinnen ihm die Siegeskrone aufsetzen, stehen die Dichter der Menschen vor ihm in Achtung und Respekt: Hebron, Eskil, Hurras, Vergil. Auf seiner rechten Seite stehen die Helden der Helden und die Ritter der Zeiten. Von ihnen gibt die Poesie Kunde, und die Dichtung verewigt ihre Namen. Sie stehen in unterwürfiger Demut: Achill, Alexander, Aeneas, Caesar. Hinter ihm sieht man zwei Jungfrauen, als wären sie Perlen und Korallen, und obwohl sie sich in ihrer Figur und Abbildung unterscheiden, sind sie eins in ihrer Schönheit. Sie sind die Mädchen, die er seit Anfang der Zeit in der Poesie geschaffen hatte. Es ist, als ob die Dichter um sie herum durch sie in Humanistik und Literatur gebildet worden wären und sich über ihre Nähe freuten. Tausende Sängerinnen, die sich um sie reihen, schlagen Tamburine und Lauten und spielen Weisen zu den Gedichten und ihren Metren.

O, hätten wir einen Dichter wie diesen und seinesgleichen unter den Ersten und den Letzten, der uns diese Gemälde in Versen beschreiben könnte; denn Malerei ist stumme Dichtung, und Dichtung ist sprechende Malerei.

Als wir dann aus dem Rausch der Bewunderung erwachten und sich unser Besuch dem Ende zuneigte, fiel uns ein Mann in zerrissenen Kleidern und schäbigem Mantel ins Auge, als wäre er der, den der Dichter meinte:

Ein Reisender und Weltenbummler, der sich durch viele Wüsten schlug,
zerzaust und staubbedeckt.

---

[2] Das Tal von Bawwān liegt in der Nähe der persischen Stadt Šīrāz in der heutigen Provinz Fars (Iran) (Yāqūt: *Muʿǧam al-buldān*, Bd. 1, S. 751-754).

Das Haar seiner Stirne ist mit dem seines Bartes verwachsen, seine Gesichtszüge sind unter dem Haar verschwunden, so dass seine Geheimnisse im Verborgenen bleiben. Sein Körper ist so mager wie der eines Schafes in der Wüste. Seine Fingernägel sind so lang und verkrümmt wie Krallen. Der Dreck hat sich darunter versteckt, schwarz wie ein Antimonstift in seiner Büchse oder die Zeilen einer Todesanzeige in der Zeitung. Er betrachtet das Kommen und Gehen mit verachtendem Blick und benimmt sich, als stünde er über ihnen. Die Leute dagegen verehren ihn und begegnen ihm mit Respekt. Der Pascha wandte sich zu unserem Freund, dem Philosophen, um ihn nach diesem abscheulichen Klumpen und Müllhaufen zu fragen und wie sie diese schöne Ansicht mit dem Teufelsanblick vereinbaren könnten. Das Gespräch vernetzte sich zwischen den beiden, und ich fing an, ihre Fragen und Antworten zu übersetzen.

Der Pascha: „Wäre es nicht besser, diesem Mann und seinesgleichen zu verbieten, sich an solch seltener Stätte aufzuhalten, damit ihr Glanz bewahrt und die Freude der Besucher nicht verdorben wird? Oder wollte man vielleicht dadurch den bösen Blick von der Vollkommenheit abwenden?"

Der Philosoph: „Dieser Mann zählt zu den Größen der Malerei, auf deren Kunst wir gegenüber der ganzen Welt stolz sind, und zwar die Kunst, die deine Augen sehr entzückt hat in diesem Schloss, das errichtet wurde, um sie zu verherrlichen; und für dessen Bau 24 Millionen Francs ausgegeben wurden. Wundere dich nicht über die Ungleichartigkeit zwischen beiden Anblicken. Denn das Gold stammt aus der Erde und der Diamant von der Kohle."

Der Pascha: „Und wie könnt ihr euch nur erlauben, diese Leute in solcher Armut ein so hartes Leben führen zu lassen? Und wie könnt ihr ihnen das missgönnen, was ihre Lage verbessert und sie aus dieser Misere – die jeden, der sie sieht, trauern lässt – rettet? Und wenn diese Kunst keinen Lebensunterhalt bringt, warum dann diese Erbauung und dieses starke Interesse dafür?"

Der Philosoph: „Diese Leute, mit denen du Mitleid hast, sind die reichsten unter uns; und ihre Ware ist am besten abzusetzen. Eines ihrer Gemälde kostet Hunderttausende und Millionen. Ihre Erscheinung ist nicht aus Not oder Armut so, sondern entsteht aus der Vernachlässigung ihrer selbst und ihrer Verwirrung. Denn es ist selten bei den Menschen, die feine Fertigkeiten betreiben, bei denen man tief in Gedanken versunken ist, das Genie überlastet wird und sich der Verstand in eine Traumwelt verflüchtigt, dass die geistigen Fähigkeiten ausgewogen sind, da eine Fähigkeit auf Kosten der anderen wächst. So werden sie von Lethargie und Verwirrung heimgesucht, die sie dazu führen, sich weder für Essen, noch für Kleidung zu interessieren und nicht zwischen dem Guten und dem Schlechten im Leben zu unterscheiden. Dadurch geraten ihre Körper aus dem Gleichgewicht und ihr Geist erkrankt, bis sie in einen Zustand der Leichtfertigkeit und Torheit gelangen, in dem sie den Umgang mit Bekannten und Fremden nicht mehr ertragen können. Einige von ihnen geben Abstinenz und Enthaltsamkeit vor, so wie das auch einige Religionsgelehrte tun. Die Leute haben sich daran gewöhnt. Wenn man jemandem sagt: „Das ist der Dichter X, der Bildhauer Y oder der Künstler Z“, wird er dessen Erscheinung entschuldigen. Vielleicht haben einige von ihnen keine andere Kunst als ihre Hässlichkeit und Zerlumptheit.“

Der Freund: „Mich bestürzt, dass Menschen, die in ihrem Beruf auf den Verstand vertrauen, ihre Körper vergessen. Dabei wissen sie, dass das gesunde Talent nur einem gesunden Körper entspringt. Wie soll der Körper gesund sein, wenn man ihn nicht durch Sauberkeit, gutes Essen, gesunden Sport und Befriedigung seiner natürlichen Bedürfnisse pflegt?! Es kann sein, dass den Denker, wenn er während einer Eingebung einen schlechten Geruch wahrnimmt oder eine hässliche Aussicht hat, das sofort bedrückt und dies seine Gedanken verdirbt. Was wird man wohl von dem halten, der das an seinem eigenen Körper und seiner eigenen Seele erfährt? Wohl dem, der sich den schönen Künsten widmet, dass er selber schön werde und keinen Hochmut oder Bosheit kenne, weil die schönen Künste lautere, wohlwollende Gefühle erzeugen und sie guten Charakter und sanfte Natur vererben. Allgemein betrachtet weiß ich nicht, welchen Nutzen die Wissenschaften und Künste haben sollen, wenn sie ihrem Betreiber nicht vor allem guten Charakter und würdige Gesinnung zuteil werden lassen, so dass er ein Vorbild für alle ist, die ihm in seiner Kunst und Bildung folgen. Wie soll denn eine Blume in einem Salzsumpf wachsen? Und wie soll das Licht aus einem verlassenen Grabe strahlen?“

Der Philosoph: „Du hast ja recht gesagt und gut getan. Wer sich nicht selbst erziehen kann, wie sollte er andere erziehen?“

Der Pascha: „Was machen dann diese Künstler mit dem Reichtum und Vermögen, wenn sie in so einem schlechten Zustand leben, wie ich sehe und höre?“

Der Philosoph: „Damit machen sie, was ein Leichtsinniger unter den verschwenderischen Erben macht. Und weil sie so nach der Schönheit verrückt sind, aus der ihre Kunst ihren Glanz nimmt, hören sie nicht auf, sich von den Frauen betören und verrückt machen zu lassen. Das Geld für ein kostbares Gemälde gelangt von der Kasse des stolzen Mäzens aus in die Hand des Künstlers, in die Handfläche der Mätresse, in die Kasse des Kaufmannes und des Juweliers. Außerdem haben sie riesige Ausgaben für Frauen, die sie ‚Modell‘ nennen.“

Der Pascha: „Und was ist ein Modell?“

Der Philosoph: „Ein Modell ist eine Frau, die der Künstler auswählt, um nach ihrem Muster zu malen, weil sie ein schönes Gesicht oder eine schöne Figur hat. Die eine für ihren Arm, die andere für ihren Busen, die nächste für ihre ebenmäßige Gestalt, eine weitere für ihr Lächeln usw. Die Kammer der Maler ist voll von solchen Modellen, die unterschiedliche Honorare je nach Wert erhalten. Und es ist selten, wenn du zu einem Maler in sein Atelier kommst, dass du keine nackte Frau vor ihm findest, die er nach rechts und links dreht, so wie er will, bis sie die Stellung einnimmt, die er vor Augen hat, damit er das Bild nach dem Modell schafft.“

Der Pascha: „Was redest du da für banale und triviale Dinge?“

Der Philosoph: „Das ist bei uns keine Schande und kein Fehler. Die Frauen nehmen daran keinen Schaden, denn sie betrachten die Sache als eine erhabene Arbeit; keine Schande liegt in dieser Praxis, und sie verschlechtert ihren Ruf nicht. Darüber ist die Gesellschaft heute gespalten: Sollte es dem Maler erlaubt werden, seine Kunst in dieser Art und Weise auf dem Bürgersteig nachzugehen, wie er es in seinem Atelier macht? Denn einem Maler ist gestern in den Sinn gekommen, das Bild der Auferstehung von den Toten zu malen. Darum ging er zu einem Friedhof und ließ sich mit seinem Werkzeug und zwei Frauen als Modell nieder. Er stellte sie nackt vor sich. Jeden Tag verbrachte er eine Stunde oder zwei, indem er sich in die Betrachtung der beiden jungen Frauen vertiefte, zeichnete und malte. Neben dem Friedhof wurde ein Haus gebaut, und die Maurer zogen gerade die Wände hoch. Sie ekelten sich vor diesem Anblick, und die Scham führte sie dazu, den Maler darauf anzusprechen, damit er diese Scheußlichkeit unterlasse. Ihr Verweis kümmerte ihn nicht, und er fuhr einige Tage in seiner Tätigkeit fort. Die Maurer beschwerten sich bei der Polizei, dann bei der Justiz, um dem Mann diese schändliche Tat zu verbieten. Die Zeitungen diskutieren immer noch den Fall: Darf es verboten werden, oder darf es nicht? Einige gehen davon aus, es sollte verboten werden. Dabei stützen sie sich auf das Gesetz, das Sittenwidrigkeiten auf öffentlichen Straßen unter Strafe stellt. Die anderen gestatten es, weil jeder Mensch frei ist in der Ausübung seines Berufes, und keiner darf sich erlauben, zwischen ihn und die Mittel zu treten, die seiner Arbeit zur Vollkommenheit verhelfen."

Der Pascha: „Gott behüte uns vor dieser Ketzerei!"

ʿĪsa ibn Hišām sagte: Schließlich gingen wir aus dem Schloss hinaus, nachdem wir beinahe verloren gegangen wären, weil es so weitläufig war und viele Kammern und Zimmer besaß, die mit Statuen und Bildern gefüllt waren. Wir standen voller Verehrung und Hochachtung draußen vor den beiden Schlössern, die der Gipfel der Messe und die Krone der Kunst waren. Und wieder stellte der Pascha eine Frage an den Philosophen: „Was wird mit den beiden Schlössern nach der Messe gemacht?"

Der Philosoph: „Im Gegenteil zu den anderen Gebäuden bleiben sie, wie sie sind, um die Werke der Maler und Bildhauer jedes Jahr auszustellen."

Der Freund: „Wenn ich mir euer großes Interesse für die Malerei und diese maßlose Übertreibung darin näher anschaue, und dann, wie wenig wir uns dafür interessieren, dann finde ich keinen bestimmten Grund dafür. Wenn das von der Entwicklung der Zivilisation abhängig wäre... Aber ich finde es bei euch sowohl in euren alten Zeiten der Unwissenheit als auch jetzt, da die Zivilisation sich bei euch durchgesetzt hat. Vielleicht ist das Alte ja kreativer als das Moderne, obwohl das Morgenland, wie ihr wisst, eine größere Vorstellungskraft und mehr Phantasie hat. Wie ist es wohl dazu gekommen, dass diese Kunst bei euch gewachsen und bei uns zurückgeblieben ist?"

Der Philosoph: „Das Abendland glaubte vor dem Christentum an Götzenbilder und Idole. Der religiöse Glaube nötigte sie, die Bildhauerei und Malerei zu beherrschen. Diese Kunst verbreitete sich insbesondere bei den Griechen und Römern, bis man in der Bildhauerei von Götterbildern zu menschlichen Bildern überging. Man errichtete Statuen für große Männer und hehre Helden. In Zeiten des griechischen Staates ging man sogar soweit, dass man 300 Statuen für eine einzige Person in den Straßen Athens zählen konnte, und das noch zu seinen Lebzeiten! Sie aber blieben keine 300 Tage nach seinem Tod, weil er einer derjenigen war, die ihre Berühmtheit auf krummen Wegen und den guten Ruf unverdient erlangt hatten. Von den Bonmots, die darüber erzählt werden, lautet eines: Einige sagten zu einem der Großen Athens, der mächtig und gefährlich war: ‚Mich wundert es, dass die Athener diesem Mann 300 Statuen ohne jedwedes Recht dazu bauen, und dir bauen sie keine einzige, obwohl du der Führende und Bessere unter ihnen bist!' Er antwortete darauf: ‚Dass Leute wie du sich darüber wundern, dass sie für mich keine Statue gebaut haben, ist für mich besser, als dass sie sich darüber wundern, warum mir Statuen gebaut wurden!' Als das Christentum aufkam, verbot es dies nicht und erklärte es nicht für Sünde, und so führten die Leute ihre Gewohnheiten fort. Vielmehr behandelten sie das Christentum in Malerei und Bildhauerei, sie malten Christus und seine Mutter in vielen Phasen ihres Lebens. Und auf diese Weise zeichneten sie einige von den Geschichten des heiligen Buches auf. Damit dauert ihr Interesse dafür bis heute an. Dies steht im Gegensatz zum Islam, denn er verbot die Malerei. Das war der Grund für das Schwinden dieser Kunst in den islamischen Völkern. Ansonsten ist sie im Osten verbreitet wie im Westen, und zwar unter den Götzendienern, wie z. B. den Chinesen, Japanern und mazdagläubigen Indern."

ʿĪsa ibn Hišām sagte: Dann entfernten wir uns von diesen beiden Schlössern und begaben uns zu anderen Pavillons, um uns die anderen berühmten Sehenswürdigkeiten der Messe anzuschauen.

Die Bäume und die Blumen

ʿĪsa ibn Hišām sagte: Wir betraten die Baummesse und den Blumengarten, angelegt in einem Schloss, das nicht wie Schlösser gebaut war und dessen Pfeiler man nicht aus Kalkstein hochgezogen hatte. Seine Kammern und Zimmer waren nicht aus gebrannten Ziegeln errichtet und seine Türe und sein Dach nicht aus Holz, sondern seine Kuppeln und Türme waren aus glattem Glas. Somit ist es ein glänzendes und gläsernes, hohes Gebäude aus Flaschen, als wäre es die spiegelnde Oberfläche des Meeres oder eines Teiches. Träte Bilqīs[1], die Königin aus vergangenen Zeiten, hinein, entblößte sie ihre Beine ein zweites Mal. In ihm haben sie die verschiedenartigsten, üppigen Pflanzen aus jedem Land der Erde gesammelt, unter ihnen die Pflanzen, die im Eis und in hartem Gestein wachsen; solche, die auf Wüstenhügeln grünen und in den unfruchtbaren Niederungen sprießen; welche, die im Schnee erblühen und in der Hitze gedeihen. Sie brachten sie von Orten mit, wo Flüsse und Bäche fließen und wohin sich Falken und Bergziegen flüchten; wo sanfte Tauben im Dschungel unter Schatten gurren und wo das Sternbild des Chamäleons sich um das der Gazelle in der Mitte des Himmels dreht, vom entfernten Osten bis zum entlegenen Westen, von einem Pol zum andern. Man findet alles, was man sich wünschen kann, von verschiedensten Flecken der Erde, ineinander verflochten und verästelt, Kletter- und Strauchpflanzen, die alle rötlich und weiß, golden und silbern leuchten, strahlen und blitzen. Wenn er sie sähe, gäbe selbst Ibn ar-Rūmī[2] das Prahlen und den Hochmut auf, gäbe seine Unzulänglichkeit beim Beschreiben und Vergleichen zu und verbrannte seine Gedichtsammlung, samt seinem bekanntesten Gedicht mit dem berühmten Vergleich:

Eine Azurblaue, die prahlt in jedem Garten mit ihrem Blau vor dem roten Rubin,
Als ob sie, aufgetragen auf dünnen Holzstäben, der Anfang des Feuers
an der Spitze des Streichholzes wäre.

Dort bezaubern dich die Farben der Blumen, die den Glanz der Juwelen in den Schatten setzen. Was sind gegen sie Hyazinth und Chrysolith, was sind Türkis und Smaragd, was sind Karneol und Perlen und Korallen? Wie kann man den

---

1 Bilqīs ist die legendäre Königin von Saba (E. Ullendorff: „Bilḳīs“, in: *EI*², Bd. 1, Leiden 1960, S. 1219-1220; Bibel: 1. Könige 10, 1-10 und 13, Koran: 27, 15-44). Nach dem Koran wurde sie von König Salomo in sein Schloss geladen. Als sie es betreten wollte, schürzte sie ihr Gewand, weil sie glaubte, die spiegelglatten Fliesen seien Wasser, und entblößte so ihre Beine (Koran: 27, 44). Dieses Motiv wurde in den „Prophetengeschichten“ qiṣaṣ al-anbiyāʾ, z. B. von aṯ-Ṯaʿlabī (gest. 1035), gerne erweitert und ausgeschmückt (vgl. aṯ-Ṯaʿlabī: *Qiṣaṣ al-anbiyāʾ*, S. 274-284).

2 Ibn ar-Rūmī (st. 896 n. Chr.): arabischer Dichter der ʿAbbāsidenzeit (S. Boustany: „Ibn al-Rūmī“, in: *EI*², Bd. 3, Leiden 1971, S. 907-909; *GAL* G I, S. 79-80, S I, S. 123-125; *GAS* II, S. 585-588).

Stein am Baum messen? Sind trockene Kiesel gleich stolzen Blütenkelchen? Wie kann man das Stabile und Harte dem Wachsenden, Grünenden gegenüber bevorzugen? Was ist Bewegung gegen Stillstand und das Auferstandene gegen das Tote? Was ist das sich in einem blühenden Garten Entfaltende gegen das unter der staubigen Erde Begrabene? Wenn der Platz für Ketten aus kostbaren Juwelen die Handgelenke und die Hälse der Schönen ist, so wäre derjenige für diese Blumen am Herzen. Wie oft haben sie den Geistesträgen belebt durch ihren wohl duftenden Odem! Wir blieben stehen, um Gerüche und Odeurs aller Art einzuatmen. Wenn der Blinde aus Maʿarra[3], die Geisel zweier Gefangenschaften, bei uns wäre, freute er sich; nach langer Einsamkeit fände er Freunde und vergäße seine Armut; er wüsste, dass es erlaubte Rauschmittel gibt, und wäre nicht begierig nach Wein, als er sagte:

Ich wünschte, der Wein würde erlaubt um eines Rausches willen,
der mich meine Lage vergessen ließe,
Damit ich vergesse, dass ich im Irak in tiefster Armut lebe,
hoffnungslos, ohne Freund und ohne Geld.

Wir blieben in dem prächtigen Garten und dem duftenden Paradies und wiederholten, was der Knecht Gottes seufzt:

Warum hast du denn, als du in deinen Garten gingst, nicht gesagt:
(Nur) was Gott will (geschieht). Es gibt keine Macht außer bei Gott.[4]

Und wir rezitierten die Hymne:

In jeder Sache steckt ein Zeichen von Ihm, das darauf hinweist, dass Er ein Einziger ist.

Als es dann Zeit wurde zu gehen, gingen wir aus dem bewaldeten Paradies, wie unser Vater Adam aus dem Haus der Ewigkeit ausging, zu dem Haus von Kummer und Leid. Als wir dieses Haus verließen, schrumpfte, was in unseren Augen schön und prächtig war, und wurde klein, was uns den Verstand raubte und bekümmerte. Es verwelkte vor unseren Augen, was geblüht hatte, und wurde gemein, was prächtig und selten war. Jener Anblick übertraf alles Einzigartige und Wundervolle der verschiedenen Künste. Was ist die Fähigkeit des sprechenden Geschöpfes gegen die Fähigkeit des Schaffenden? Was ist das Artefakt im Vergleich zu dem, was die Hand Gottes vollbringt? Der Pascha wäre beinah zurückgegangen, woher wir kamen, und hätte sich mit dem, was wir an diesem Tag gesehen hatten, begnügt, hätte uns nicht der Philosoph zum Stehen gebracht und dem Freund die Anordnung der Messe erklärt.

Der Philosoph: „Ja, die Messe teilt sich in zwei Teile. Der Besuch dieses Teils, in dem wir die Wunder der Natur gesehen haben, ist kostenlos. Ein zweiter Teil,

---

3 Abu 'l-ʿAlāʾ al-Maʿarrī (st. 1058): arabischer Dichter und Philosoph (P. Smoor: „al-Maʿarrī", in: *EI*[2], Bd. 5, Leiden 1986, S. 927-935; *GAL* G I, S. 254-255, S I, S. 449-454).

4 Koran 18, 39.

den man gebaut hat, um die Leute zu unterhalten und durch exotische Erlebnisse anzuziehen, ist zu einem festgesetzten Preis gestattet."

Der Freund: „Ich habe in den Zeitungen über diesen Teil Erstaunliches gelesen. Mich begehrt es nach dem riesigen Vergrößerungsglas, das man erfunden hat, um den Mond in einem Meter Entfernung zu sehen. Sie behaupten, das Auge könnte ihn erfassen, wie jemand, der seine Wände in- und auswendig kennen gelernt hat. Wo ist denn dieser Ort?"

Der Philosoph: „Er ist nicht fern von uns. Man nennt ihn ‚Palast der Lichter und Spiegel'. Und die Zeitungen schrieben, wie du sagtest, öfter darüber, was die Lust, ihn zu besuchen, steigert. Ich selber war noch nicht dort, gehen wir also hin!"

Der Pascha: „Auf! Wenn das stimmt, was behauptet wird, wäre es eines der Wunder!"

ʿĪsa ibn Hišām sagte: Und wir gingen gemeinsam, um diesen Ort zu suchen. Wir kamen zu einem prächtigen Schloss. Selten besaßen Könige und Prinzen seinesgleichen an Pomp und Größe. Wir fanden an seiner Tür zwischen Bildern der Planeten und Sterne in lateinischer Sprache geschrieben: ‚Von hier steigt der Mensch zu den Planeten empor und nimmt Kontakt mit dem Unendlichen auf.' Als wir eintraten, sahen wir das Gedränge der Menschen. Mit den anderen gingen wir hinein und landeten in einer großen Kammer von 15 × 10 m. Diese war in Dreiecke und Polygone aus spiegelndem Glas eingeteilt, eines von ihnen 2,5 m groß und 1,5 m breit, und zwischen ihnen leuchteten elektrische Birnen. Wenn man in die Dreiecke und Vielecke schaut, sieht man sein Bild hundertfach. Wenn man ein paar Schritte hineingewagt hat, geht man verloren und findet den Weg nicht mehr. Wenn man denkt, man hätte einen Ausweg gefunden und läuft dahin, so stößt man mit dem Gesicht gegen die Spiegel; die Besucher lachen darüber, obwohl sie selber verlegen herumirren. So geht es eine Weile, bis man den richtigen Weg gefunden hat. Der Dichter hätte hier viel Raum für Phantasie, um die Figuren der Besucherinnen ebenso wie ihre tausendfachen Bilder in den Spiegeln zu beschreiben, so wie sich die Liebe der Einen tausendfach in den Herzen der Männer spiegelt.

Als wir dann den Ausgang aus diesem Raum fanden, in dem man verloren geht wie der Reisende in einer einsamen Wüste, begaben wir uns zur nächsten Kammer, während sich der Philosoph an den Freund wandte.

Der Philosoph: „Die Idee, Gebäude und Bauwerke in einer Art und Weise zu bauen, so dass der Eintretende verloren geht und keinen Ausweg findet, ist sehr alt. Wir wissen, dass die alten Ägypter die ersten waren, die Bauwerke als Labyrinthe errichtet haben, wie den Kolossalbau, den Herodot in seiner Zeit gesehen und in seinem Geschichtswerk beschrieben hat. Er umfasste dreitausend miteinander verbundene Kammern, so dass derjenige, der diesen Tempel ohne Führer betrat, verloren ging, bis er Hungers starb. Seine Trümmer stehen heute noch bei euch, nahe dem Moiris-See vor der alten Stadt, die unter dem Namen ‚Krokodilopolis‘[5] bekannt ist. Die alten Griechen haben es den Ägyptern nachgemacht und erbauten auf Kreta einen ähnlichen Tempel. Darüber wird in ihren Mythen erzählt: Ein Dämon habe sein Unwesen getrieben und flüchtete immer und immer wieder zu dem Tempel, so dass keiner ihn erreichen konnte. Ein berühmter Held entschied sich, seinen Spuren zu folgen, um ihn zu töten. Das habe er nur erreichen können, indem er einen gewissen Faden an sich nahm, den seine Geliebte ihm gegeben hatte. Er band dessen Anfang an das Eingangstor und ging mit dem Faden den Weg ab, bis er sein Ziel erreichte und den Dämon tötete. Dann fand er den Rückweg durch den Faden.[6] Der Unterschied zwischen dem, was die Alten in vergangenen Zeiten und dem, was die Menschen in der Gegenwart gemacht haben, liegt darin, dass die Bauten Ersterer aus Stein waren und die Letzterer aus Glas sind."

ʿĪsa ibn Hišām sagte: Dann betraten wir ein Zimmer nach dem anderen. Alle bargen in derselben Weise Lichtreflexionen in den Spiegeln und vielfache Bilder, hier stellst du dir einen Brunnen vor, dort ein Meer und andere phantastische Dinge. Endlich gelangten wir zu dem ersehnten Zimmer, in dem der Mond in der Entfernung eines Meters zu sehen sein sollte. Sobald wir die Tür durchschritten hatten, verlöschten vor unseren Augen die Lampen, und wir tappten im Dunkeln. Dann lud man elektrische Strahlen auf einen Teil der Wand, worauf man die Mondkarte projizierte, auf der man die Höhen und Tiefen der Mondkugel klar erkennen konnte. Jene sieht man wie der Schnitz eines Fingernagels, diese wie die Löcher eines Siebes. Dort stand wie ein Reiseleiter ein Mann, der den Leuten erklärte, was die Zeichnung deutlich machte. Er behauptete, dass das Bild den Mond zeige, wie man ihn aus einer Entfernung von 70 km durch das Teleskop sieht, von dem geworben wurde, es zeige den Mond aus einer Entfernung von einem einzigen Meter. Die Artikel in politischen und wissenschaftlichen Zeitschriften hatten lange Zeit vor Eröffnung der Messe ausführlich darüber berichtet. Dann gingen wir heraus, während der Freund vor Staunen und Bewunderung die Hände gegeneinander rieb, und unseren Gefährten, den Philosophen, nach dem Kern dieses Betruges und dieser Lüge fragte."

Der Philosoph: „Nimm es nicht so schwer! Denn das meiste, was die Zeitungen in diesen Fragen ausschmücken und übertreiben, stimmt nicht. Sie machen das absichtlich und aus eigenem Interesse wegen des Gewinns, den sie daraus erwirtschaften und zum Wohl des Landes, damit die Leute zum Besuch der Messe verlockt werden. Dafür erlauben sie sich Betrügereien und Lügen. Und wundere

---

5 Griech. Bezeichnung für arab. al-Fayyūm, Stadt im Fayyūm-Becken, einer Senke südwestlich von Kairo (Yāqūt: *Muʿǧam al-buldān*, Bd. 3, S. 933-936).

6 Paraphrase der griechischen Legende vom Minotaurus, der von Theseus besiegt wurde. Dieser fand bekanntermaßen den Ausgang des Labyrinths durch Ariadnes Ratschlag, während des Weges einen Faden abzurollen (zu den Quellen vgl. z. B. Ingeborg Tiemann: *Die Deutung des Minotauros von den ältesten Quellen bis zum frühen Mittelalter (met een samenvatting in het Nederlands)*, Utrecht: Rijksuniv., Diss., 1992).

dich nicht, wenn ich dir sage: Derjenige, der diesen Entwurf begann, ist einer unserer bekannten Kolonialisten und Parlamentsabgeordneten. Er hielt eine Rede im Parlament und bat um Zustimmung für eine öffentliche Messe. Er erklärte, dass er die Attraktion der Messe und das große Wunder in der Weiterentwicklung der Industrie gefunden hätte, indem man ein Vergrößerungsrohr errichte, durch das der Betrachter den Mond in einem Meter Entfernung würde sehen können. Er erzählte, und die Zeitungen schrieben, bis er eine Firma von einigen Astronomen gegründet hatte, um dieses Teleskop herzustellen, von dem sie sagen, man könne den Mond aus einer Entfernung von 70 km sehen. Und sie errichteten dieses Schloss, samt den Sehenswürdigkeiten, um aus dem Besucherstrom und dem Zulauf zu dem allergrößten Wunder Gewinn zu erzielen. So laufen die meisten Angelegenheiten unter den Menschen auf der Welt ab, nämlich unter eitlen Übertreibungen in Wort und Tat, wie hier der Unterschied zwischen einem Meter und 70 Kilometer. Der gewinnt, wer am geschicktesten betrügt und täuscht. Der siegt, wer am verschlagensten und listigsten ist."

ʿĪsa ibn Hišām sagte: Wir gingen, indem wir uns über diesen Abgeordneten wunderten, der sich nicht begnügte, in der Politik und bei der Kolonialisierung zu betrügen, sondern dies sogar bis zu den Planeten und Monden weiter trieb.

Sehenswürdigkeiten

ʿĪsā ibn Hišām sagte: Wir brachen in den Teil der Sehenswürdigkeiten auf, wobei wir eine nach der anderen betraten. Doch als wir ankamen, fanden wir darin nicht, dass sich bewahrheitete, was wir an Beschreibungen darüber gehört hatten. Sondern wir fanden manchmal, was dazu im Widerspruch stand und unvereinbar damit war, bis wir ein edles und erhabenes Schloss erreichten, das durch seine vorzügliche Anordnung der Räume über alle Schlösser leuchtete. Sie hatten es dort für Tanz und Musik eingerichtet, und für ausgelassene Orgien seit alten Zeiten bis ins Zeitalter der gegenwärtigen Zivilisation, vom rauen, kargen Leben bis zur Epoche des bequemen Lebens und Wohlstandes, und was du dir wünschst, von begeisterten und kühnen Tänzen bis zu Zaubertänzen voller Ausschweifung. So siehst du Beduinen im Angesicht des Todes mit ihren Schwertern tanzen. Du siehst Jungfrauen hinter ihnen, die Tamburine schlagen und in ihre Hände klatschen, um sie zum Krieg anzuspornen und aufzustacheln und um sie in Erregung und Zorn gegen ihren Feind zu versetzen. Sie versüßen ihnen den schmerzhaften Angriff, wie sie dem Trinkenden frischen Wein versüßen, so dass sie die Becher des Todes leeren, wie andere den Speichel der süßen Münder schlürfen. Dann sieht man den Tanz derjenigen, die von einer Reise zurückgekehrt, die siegreich und im Triumph heimgekehrt sind, mit allzu klaren Zeichen von verborgener Leidenschaft und Sehnsucht, dazwischen die Jungfrauen des Stammes und seine Dienerinnen, gefangene Feinde, Frauen und Männer. Ihre Brust ist gefüllt mit Ehrgefühl und Stolz, und ihre Herzen sind voller Kühnheit und Edelmut. Über die Schreie ihrer Seelen erschrecken sich die reißenden Tiere, und vor ihrem Ehrfurcht gebietenden Äußeren fürchten sich die Zähne fletschenden Löwen. Dennoch unterwerfen sie sich Herrinnen von schönem Wuchs und Busen wie Betende ihrem Herrn. Die Männer sammeln sich in Scharen um sie, und sie fliegen auseinander, falls sie von ihnen ein Zeichen der Zurückweisung und Härte oder eine Regung von Widerwillen und Ablehnung befürchten. Währenddessen begegnen sie der Selbsterniedrigung und Schmeichelei mit Koketterie und Zurückhaltung und belohnen heftiges Begehren mit Überheblichkeit und Ablehnung. Die Damen halten sich mit bewundernswertem, wiegendem Gang fern. Sie senken ihre klaren, leuchtenden Blicke. Dann beeilen sie sich, sich umzudrehen, um die Gesichtszüge zu verhüllen, von denen der Schleier gerutscht war, so dass der Blick des Sinnverwirrten matt wird und sein Herz sich zerbrochen zurückzieht. Wie wunderbar ist das Leben im Angesicht des Schönen, so wunderbar wie der Glanz eines kunstvoll gearbeiteten Schwertes. Wenn dieser Glanz der Schüchternheit eines kühnen, verwegenen Ritters einer Schönen mit Fußring und Armreif begegnet, dann wird er gedämpft, als ob ein mutiger Mann in der Hand eines jungen Mädchens wäre. Er kann nicht aufhören, Abū ʿUbāda[1] zu zitieren:

Wir sind Männer; uns bringen große Augen zum Schmelzen,
obwohl wir Eisen zum Schmelzen bringen können.
Die Frauen führen uns dahin, dass wir der Liebe gehorchen,
obwohl wir mit unseren Lanzen Löwen führen.

Dann sahen wir viele verschiedene Weisen von Tanz und Gehüpfe, und zahlreiche Arten des Drehens und Schwingens, wie es bei den Götzendienerinnen verbreitet und in einigen Religionen erlaubt war, bis der Zuschauer beim Anblick der Bewegungen jener Körper das empfindet, was der Seefahrer bei Durchfall und Erbrechen empfindet, als möchte man die körperlichen Kräfte erschöpfen, um die Begierde zu schwächen.

Danach wurden wir Zeuge von Tänzen der städtischen Zivilisation, voller entehrender Ausschweifung. Man sieht Scharen von Frauen wie Gazellenherden, nur ein fleischfarbener Schleier verhüllt ihren Körper wie eine Haut. Er bedeckt ihre Glieder wie das Dotterhäutchen in einem Straußenei, und schmiegt sich an sie wie Schlangenhaut. Sie sind nackt vor dem Betrachter, der sie nur mit seinen Phantasien bekleidet. In dem strahlenden Licht nimmt ihr Tanz Formen an, die das Herz erfreuen und einem die Knie weich werden lassen. Ein um das andere Mal neigen und biegen sie sich, bald drehen sie sich auf den Zehenspitzen, ohne sich von der Stelle zu bewegen. Unter ihnen gibt es einige, die ihre Beine so hoch heben, dass sie mit ihren goldenen Fußreifen den Leberfleck auf der Wange treffen und mit den Spitzen ihrer Schuhe die reine Stirn berühren. Die Zuschauer um sie herum finden das schön und halten es für hervorragend, sie klatschen und bitten um Zugabe. Nicht lange, und sie fuhren auf einzigartige Weise mit einer der neuesten Tänze fort. Darauf legte sich jede einzelne von ihnen ein weißes und weites Umschlagtuch um. Als sie sich darin drehten, konnte man sie für Wolken halten, aus denen hervor der Vollmond erschien, oder für einen weißen Taubenschwarm, der durstig nach Wasser mit den Flügeln flatterte. Ihnen gegenüber befinden sich Scheinwerfer, die ihre glänzenden Strahlen von verschiedener Farbe von oben auf den Platz werfen. Die Tänzerin scheint in dem Widerschein ein Blumenstrauß oder ein Diamanthalsband, als wäre sie im schnellen Farb- und Bewegungswechsel der Schaum auf dem Meer, den ein Schiff erzeugt, indem er es durchquert, und in dem sich die Strahlen der aufgehenden Sonne in den Regenbogenfarben spiegeln. In der Hand jeder Tänzerin ist ein glatter Stab. Wenn sie sie in der Luft bewegen und die Lichtstrahlen auf sie treffen, blühen sie wie Blumen aus Licht und tragen Früchte aus Kristall. Jeder, der sie sieht, stellt sich

1 Abū ʿUbāda al-Buḥturī (st. 897 n. Chr.): arabischer Dichter und Anthologist des 9. Jahrhunderts (Charles Pellat: „al-Buḥturī“, in: *EI*[2], Bd. 1, Leiden 1960, S. 1289-1290; *GAL* G I, S. 80, S I, S. 125-127; *GAS* II, S. 560-564).

vor, sie wären Weinreben in voller Blüte. Hätten sie Pharao und Hāmān gesehen, dann hätten sie an das Wunder des Stabes[2] geglaubt.

Als dieses Schauspiel unseren Blicken entschwand und der Vorhang herabgelassen wurde, gingen wir staunend und entzückt heraus. Der Pascha wandte sich zum Philosophen und sprach ihn an:

„Ich sehe, dass der Tanz bei euch, ihr Abendländer, ein hohes Ansehen genießt, als ob er eine rare und wertvolle Kunst wäre. Anscheinend habt ihr nichts gegen diesen Anblick und diese Figuren, deren Darbietung vor den Augen der Menschen auf diese schändliche Art und Weise die guten Sitten verbieten."

Der Philosoph: „Aber seine Bedeutung für euch ist doch noch höher, und seine Form ist schändlicher als bei uns! Bis heute schmähen unsere Schriftsteller und Kritiker euren Tanz und finden jene Form, die man ‚Bauchtanz' nennt, schrecklich. Voilà die ägyptische Ausstellung! Jeder, der sie besucht und die ägyptischen Frauen sieht, wie sie sich mit entblößtem Busen und nacktem Bauch schlangengleich bewegen, verlässt sie wegen des grässlichen Anblicks schamvoll und dem Erbrechen nahe. Er beschuldigt euch der verfallenen Sitten und der Schamlosigkeit. Und jeder, der die Vergnügungsstätten in eurem Land gesehen hat, fand nichts anderes als das! Wenn ihr eure Sehenswürdigkeiten bei uns ausstellt, dann sind die Tänzerinnen das erste, was ihr zeigt, weil sie unschätzbaren Wert und einen sehr hohen Rang bei euch genießen."

Der Freund: „Die Sache ist nicht so, wie du glaubst, o Philosoph! Denn dieser Tanz ist nicht überall verbreitet und in unseren Häusern nicht bekannt. Sondern er wird in Bordellen und Hurenhäusern betrieben und gehört zu den lasterhaften Sünden, die die Dirnen in ihren Häusern ausüben. Schuld daran, dass sie ihn öffentlich in Schenken zeigen, sind allein die ausländischen Besitzer von Weinhäusern. Ihnen sind die Herabwürdigung und Morallosigkeit gleichgültig – Hauptsache, sie machen Profit! Unser Publikum findet ihn genauso hässlich und abstoßend wie ihr. Nur Arbeitslose und Verkommene schauen ihn sich an, und nur Ehrlose und Dirnen betreiben ihn. Aber jedes Mal, wenn die Regierung in ihrem Bemühen, die Sitten zu bewahren, versucht, diesen Tanz zu untersagen, stehen ihnen die Privilegien, die absolute Freiheit der Ausländer entgegen. Bei euch jedoch ist der Tanz in der Kultur verwurzelt und überall verbreitet. Er beschränkt sich nicht auf die Schenken und öffentlichen Plätze, und nebst Frauen üben ihn sogar Männer aus! Weder die Häuser des Pöbels, noch die Schlösser der Könige entbehren ihn. Kein Gastmahl wird ausgerichtet, und kein Fest wird gefeiert, ohne dass der Tanz eine bedeutende Rolle spielte und die Hauptattraktion darstellte. Bei euch ist der Tanz eine der höchsten Künste, die die Männer studieren, wie sie die Wissenschaften studieren, und die die Frauen lernen, wie sie Spinnen und Sticken lernen."

2 Hier wird auf die biblische Geschichte angespielt, in der Moses seinen Stab in eine Schlange verwandelt (Bibel, 2. Mose, 7).

Der Philosoph: „Der Tanz an und für sich ist weder verwerflich noch schändlich, wie du meinst. Sondern er ist eine natürliche Bewegung des Menschen, die die Konstitution des Körpers erfordert, um die Nerven ins Gleichgewicht und in Balance zu bringen, wenn sie die Leichtigkeit des Entzückens und freudige Erregung überkommen. Dabei ist der Tanz in der Natur verwurzelt und kann auch bei einigen Tieren und Vögeln in Erscheinung treten. Selten in der Geschichte von den Nomaden bis heute waren Völker völlig frei von Tanzformen.

Es gibt vier Gattungen des Tanzes: den Kriegstanz, den Tanz bei der Jagd, die Pantomime, um Liebesgeschichten zu erzählen, und den religiösen Tanz. Viele der alten Völker pflegten ihn, und er besaß eine hohe Stellung bei den alten Griechen. Ihre Vornehmen beherrschten ihn auf vollendete Weise und suchten sich gegenseitig zu übertreffen. Unter ihnen gab es welche, die sich auf ihn spezialisiert haben und berühmt für ihn waren. Der Vermittler zwischen den Athenern und dem König Philipp II., dem Vater Alexanders des Makedoniers, – ein Mann namens Demosthenes – war einer der größten Meister in dieser Kunst. Der König selbst vermählte sich mit einer berühmten Tänzerin namens Larissa. Sogar Sokrates, der Vater aller Philosophen, liebte den Tanz und missbilligte ihn nicht. Epaminondas, ein großer Philosoph, war ein ausgezeichneter Tänzer. Auch bei der Entstehung des römischen Reiches war der Tanz berühmt, wobei zunächst der religiöse Tanz überwog. Dann fanden seine Gattungen große Verbreitung, bis die christliche Religion in das römische Heidentum eindrang. Anfangs missbilligte sie die Ausdrucksformen des Tanzes bei den Römern nicht, obwohl sich die Römer am Ende ihres Reiches schändlichen Vergnügungen hingaben. Dann wurde er Brauch bei den westlichen Völkern. Sie hielten fest an ihm und ließen nicht von ihm ab, auch als die religiösen Autoritäten ihn immer wieder missbilligten. Denn sie waren vertraut mit ihm und hatten sich daran gewöhnt, keine Schande in ihm zu sehen. Das, was ihn in euren Augen schändlich macht, ist, dass auf Bällen Männer und Frauen zusammenkommen. Diese Sicht resultiert daraus, dass unsere Frauen keinen Schleier tragen, eure dagegen schon."

ʿĪsā ibn Hišām sagte: Unsere Unterhaltung wurde unterbrochen, weil wir unterwegs eine Stelle sahen, an der sich die Leute drängten. Wir hatten in Erfahrung bringen können, dass hier eine Sehenswürdigkeit war, über die wir zahlreiche Artikel in den großen Zeitungen gelesen hatten, wie z. B. Diva und Le Figaro. Sie berichteten darüber, dass derjenige, der sich diese Attraktion anschaue, auf ein riesiges Schiff steige, das ihn durch das Mittelmeer an die großen Hafenstädte fahre. So sehe er die Gebäude und das Gewimmel in den Straßen. Nachdem wir die Gebühr bezahlt hatten, traten wir näher und stiegen eine Leiter hinauf, bis wir zu einer großen Schiffsattrappe gelangten und sie bestiegen. Plötzlich neigte sie sich, wie sich Waagschalen heben und senken, als ob die Wellen das Schiff hin- und herwürfen. Auf beiden Seiten umgab es Wände aus Stoff, auf denen die Wellen des Meeres und die großen Häfen gemalt worden waren, wie z. B. Neapel und Venedig. Sodann vermeint der Reisende, das Schiff führe ihn auf den gemalten Wogen dahin. Die Stoffbahnen sind mit der Schiffsmaschine verbunden, so dass sie geschwind am Betrachter vorbeiziehen, während sich das Schiff, obwohl es wie eine Schaukel schwankt, nicht fortbewegt. Wir aber fanden an der Sache nichts Erstaunliches.

Dann besuchten wir eine Vielzahl von Sehenswürdigkeiten; wir empfanden sie jedoch alle als nichtssagend. Währenddessen hörte der Freund nicht auf zu murren über den gewaltigen Unterschied zwischen den unbedeutenden Dingen, die er sah, und den übertrieben phantastischen Beschreibungen, die überall auf der Welt darüber verbreitet wurden. Dem Philosophen ging es nicht anders. Dennoch empfahl er uns, den einzigen Ort, dessen Schönheit ihn von allen Sehenswürdigkeiten zusammen am meisten beeindruckt hatte, zu besuchen. Und das war das Dorf, das die Schweizer auf der Messe errichtet hatten,[3] in dem sie ihre Berge, Flüsse und das alltägliche Leben ihrer Bürger präsentierten. Als wir es betraten, überkam uns Begeisterung, und die Freude ob des schönen und prachtvollen Anblicks nahm uns gefangen. Wir sahen hochragende Berge, von deren Gipfel Wasser in die Tiefe des Tales strömte, wo es sich in Bächen und Flüssen verzweigte, die sich durch Häuser und Mauern schlängelten. Ebenso sahen wir die für dieses Land berühmten Kühe an den Futterkrippen stehen, umgeben von jungen Mädchen und Mägden, auf deren Gesichtern die Frische der Jugend und der Zauber der Wildheit blühten.

Der Zauber der Zivilisation entsteht durch Künstlichkeit, der der Wildheit jedoch ist echt.

Sie molken die Milch in gläserne Schüsseln und boten sie noch warm jedem Besucher an, der sie trinken wollte. Außerdem sahen wir Männer, die das Auge durch ihr gutes und schlankes Aussehen erfreuten, in ihren Ständen. Sie zeugten von Anstand und boten die verschiedenartigen Früchte ihres Landes und die Blumen ihrer Berge feil. Wir brachten in Erfahrung, dass die Schweizer für den Aufbau des Dorfes drei Jahre gebraucht und 30 Millionen Francs ausgegeben hatten. Uns gefiel der Ort sehr, so dass wir eine Weile dort verbrachten, wobei wir uns unterhielten, miteinander scherzten und die Vorzüge des natürlichen Lebens ob seiner Schlichtheit gegenüber dem zivilisierten Leben ob seiner Künstelei miteinander besprachen.

---

3 Zum Volkstümlichen der Pariser Weltausstellung von 1900 und des Schweizer Dorfes im Speziellen s. Martin Wörner: *Vergnügung und Belehrung. Volkskultur auf den Weltausstellungen 1851-1900,* Münster u. a.: Waxmann, 1999, S. 85-96, bes. S. 92-96.

Verleumdung des Vaterlandes

ʿĪsā ibn Hišām sagte: Während wir auf der Messe umherspazierten, hörten wir plötzlich Flöten und Trommeln. Diese erweckten in uns Erinnerungen und Bekümmernis und entflammten Sehnsucht nach der Heimat, ebenso wie leuchtende Blitze am Horizont der Heimat die Sehnsucht ausgemergelter Kamelinnen erwecken, einerlei ob sie durch Berge oder Täler wandern. Die Blicke suchten, die Hälse reckten sich, bis wir die Quelle der Musik ausfindig machten und uns zu ihrem Ursprung hinbegaben, in der Hoffnung, dass wir eine winzige Spur von Ägypten, nur irgendetwas von unserem Lande fänden, das unsere Augen erfreute und unsere Herzen mit Glorie erfüllte; etwas, das uns Geselligkeit in der Einsamkeit schenkte und unsere glühende Sehnsucht linderte; etwas, das uns trotz der Konkurrenz auf der Messe Stolz und Ruhm verliehe. Um die Flöten und Trommeln herum fanden wir große Menschenmengen. In ihrer Mitte sahen wir einen Mann auf einem Podest stehen, von ungeschlachter und grober Gestalt. Das Ausmaß seiner Rauheit konnte nicht übertroffen werden, als wäre er ein Fels- oder Eisbrocken. Er besaß ein Gesicht, das Widerwärtigkeit verströmte, wie ein Wirbel Staub verströmte. Auf seinem Kopf trug er einen Tarbusch mit einem Rand, der von Fett und Schmutz triefte. Fielen die Sonnenstrahlen auf ihn, begönne er zu lodern und zu brennen. Der Mann brüllte wie die Kamele in der Wüste, er schrie hässlicher als Esel und donnerte lauter als Blitzschläge. In seiner Hand hielt er einen Fächer, um sich Luft zuzuwedeln, weil er fürchtete, vor Erregung und Eifer zu ersticken. Er bewegte sich inmitten der Leute hochmütig und stolz hin und her. Er rief hässliche Wörter in die Menge mit der Absicht, sie dazu zu verführen, diesen Pavillon zu betreten, um sich Attraktionen anzuschauen, die die fünf Sinne ansprechen, so dass sie die Sorgen aus den Herzen vertreiben und mannigfache Freuden bieten. Es seien Sehenswürdigkeiten ohnegleichen, die nicht genug bewundert und geschätzt werden könnten. Durch sie übertreffe Ägypten alle anderen Nationen und erlange den Gipfel allen Nationalstolzes. Kein Wunder, denn dieses Land sei seit jeher festen Schrittes auf der Weltbühne aufgetreten. Dies sei ein äußerst günstiger Moment, eine gute Gelegenheit, die man nutzen sollte, bevor man es bereue. Wenn man sie nicht ergreife, treffe man eine schlechte Wahl und erleide einen riesigen Verlust. Wenn jemand *die* Schönheit und Ästhetik der Messe nicht gesehen habe, nachdem er seine beiden kostbarsten Dinge, nämlich Zeit und Geld, aufgewendet habe, und nicht Zeuge der Kunst von Zuhra und Maʿtūqa geworden sei, so habe er noch nie eine Geliebte gehabt, sondern auf seinen Wegen nur Enttäuschungen erlebt.

Also traten wir ein, um uns die Sache näher zu betrachten und die Wahrheit zu entdecken. An der Tür empfing uns ein Mann in prächtigen Kleidern und Turban, wie sie Scheiche und Imame tragen. Ununterbrochen hieß er die Leute willkommen, wobei seine Hand mit einem Rosenkranz spielte, als wäre er ein Imam in einer Moschee oder ein Tempelwächter in einem Mausoleum. Ich habe ihn mir angeschaut und erkannte in ihm einen Mann, der einiges Ansehen unter den Kaufleuten besaß und bekannt für den Handel mit Parfümen und Essenzen war.

Er ist ein Wolf, den du beten siehst. Wenn du an ihm vorübergehst,
wirft er sich zum Gebet nieder.
Er betet, und der Kern seines Gebetes ist: Wann fällt endlich die Beute?

Er begrüßte uns überschwänglich und erwies uns höchste Ehre. Er brachte uns zu einem Platz, wo man sich ausführlich vergnügen konnte, und zu einer Bühne, auf der ausgelassen getanzt und gesungen wurde. Der Vorhang wurde gehoben, und vor unseren Augen traten unzüchtige Dirnen und Huren auf. Sie fingen mit dem Bauchtanz an, indem sie grässliche und abscheuliche Bewegungen vollführten, so dass wir dachten, wir kehrten zu den Zeiten von al-Ḫalīʿ[1] und al-ʿUmda[2] zurück. In Trauer und tiefer Betrübnis wandten wir uns ab zur Tür. Wir gingen hinaus, während wir unsere Augen vor Scham bedeckten. Wir wünschten uns, man könne unsere Abstammung nicht auf unser Land zurückführen, damit wir von diesem Schandfleck und dieser Verachtung befreit würden. Wir entfernten uns schnellen Schrittes von dieser ‚ägyptischen Ausstellung' und allem, was dazugehörte, wie dieser zu verachtenden und hässlichen Szenerie. Wir schworen, nie wieder diesen Ort zu passieren. Der Philosoph begann, uns über dieses Unglück hinwegzutrösten, indem er tadelnd zu uns sprach.

Der Philosoph: „Warum die Eile?! Wusstet ihr denn nicht, dass sich die Ausstellung in zwei Hälften teilt? Ein Teil stellt Handwerk und Altertümer aus, der andere beschäftigt sich mit Sehenswürdigkeiten. Von der ägyptischen Ausstellung habt ihr nur den zweiten Teil gesehen. Lasst euch nicht von den erlebten Widerwärtigkeiten betrüben! Das soll uns doch nicht davon abhalten, den ersten Teil zu besuchen – den der ernsthaften Tätigkeiten. Vielleicht finden wir dort schöne Werke und Altertümer, die euch von dem Kummer und Verdruss abbringen, die euch befallen haben."

Der Pascha: „Wenn man das eine kennt, kennt man auch das andere. Und wer eine schlechte Wahl bei den Sehenswürdigkeiten getroffen hat, der wird auch keine bessere bei dem Handwerk treffen. Und von einem, der eine so dekadente Wahl trifft, dass er die Sehenswürdigkeiten seines Landes, die die ganze Welt betrachten kann, auf die Bäuche der Frauen und die Zotenhaftigkeit der Huren reduziert, kann man sich nicht erhoffen, dass er eine gute Wahl bei der Ausstellung der Altertümer seines Landes und der Arbeiten seiner Handwerker trifft."

---

1 Al-Ḥusain (ibn aḍ-Ḍaḥḥāk al-Bāhilī) al-Ḫalīʿ (st. 864): ʿabbāsidischer Dichter. Er war berühmt für seine Ausschweifungen, daher der Spitzname al-Ḫalīʿ („der Verderbte, Verkommene") (Charles Pellat: „(al-)Ḥusayn b. al-Ḍaḥḥāk", in: *EI*², Bd. 3, Leiden 1971, S. 617-619; *GAL* S I, S. 112; *GAS* II, S. 518-519).

2 Al-ʿUmda („Dorfvorsteher") ist eine vergnügungssüchtige Person aus dem ersten Teil des Ḥadīṯ ʿĪsā ibn Hišām.

Der Freund: „Die Gier nach Profit macht solche Händler wie diese blind für die Hässlichkeit dieser Szenerie. Die brennende Leidenschaft der Toren in Ägypten brachte sie in Versuchung, so dass sie die Kneipenbesitzer um den Andrang dieser Toren beneideten. Sie dachten, es zieme sich nicht, mit ihnen im eigenen Land zu konkurrieren. Deshalb gingen sie ins Ausland. Sie glaubten, die Abendländer kämen in Strömen so wie die Jugend in ihrem Lande, so dass sie Profit machten, ohne getadelt zu werden, in einem Land, in dem sie keiner kennt. Unter ihnen befindet sich z. B. ein angesehener Händler der Mittelklasse, der, lüde man ihn in Ägypten ein, dem Tanz beizuwohnen, das Gesicht mit seinem Gewand bedeckte, sich abwendete und Gott um Schutz und Verzeihung bäte wegen dieser Sünde, die ihm seine Religion und sein Gewissen verbieten. Aber die Sache kam anders, als sie vermutet hatten. Denn sie machten keinen Gewinn, obwohl sie nichts Ruchvolles verborgen hielten, da die Moral der Besucher der Messe, einerlei welcher Nation sie angehören, ihnen solch skandalösen Anblick verbietet. So kam fast niemand. Es blieb den Veranstaltern nur der Groll der Ägypter als Strafe für die schlechte Meinung, die sich die Nationen von uns gebildet hatten, und für die schlechte Wahl."

ʿĪsā ibn Hišām sagte: Kurz nachdem wir die Vergnügungsstätte hinter uns gelassen hatten, bogen wir ab zum ersten Teil dieser ägyptischen Ausstellung, um unseres Freundes Ratschlag zu befolgen. Wir fanden ein Gebäude, das wie eine Moschee aussah. Zur Rechten dessen Eingangs war eine Weinschenke, in der ein altes, grauhaariges Pariser Weib umgeben von ihren Mädchen stolz einher zog. Zur Linken saß ein Turban tragender Mann mit gekreuzten Beinen, von abgrundtiefer Hässlichkeit, dem ein weltlicher Hut besser gestanden hätte als der Gelehrtenturban. Vor ihm befand sich ein Schreibtisch samt Tintenfass und Pergament. Um ihn scharten sich Menschenmengen. Einer nach dem anderen trat vor ihn und zahlte ihm ein paar Dirhams. Dann fragte ihn der Mann nach dessen Namen und dem Namen seines Vaters und seiner Mutter. Anschließend schrieb er ein paar Segenswünsche in arabischer Schrift auf ein vergilbtes Blatt. Wir hörten manch europäischen Zuschauer sagen, wobei sie zu ihm drängten: ‚Wohlan, zum Scheich der Muslime, damit er uns ein paar Zeilen aus dem Koran Muḥammads aufschreibe!' Dies verletzte unsere Gefühle. Wir warteten eine Weile, bis sich die Menge zerstreute. Dann gingen wir zu ihm, um ihn auszufragen. Dabei entdeckte er uns die Angelegenheit in syrischem Dialekt, woraufhin wir ihn schalten, indem wir die Pflicht des Islams erfüllten, die solch niedere Ketzereien den Gläubigen verbat. Er aber teilte uns mit, dass er diesen Standort von der ‚Firma der ägyptischen Ausstellung' gemietet habe, um sich auf diesem Wege seinen Lebensunterhalt zu verschaffen. Die Zwänge des Lebens hätten ihn dazu genötigt. Wir ließen ihn, um tiefer ins Innere der Ausstellung einzudringen. Plötzlich sahen wir einen weiteren Turban tragenden Mann, um den Buben in ägyptischer Kleidung einen Kreis auf dem Boden bildeten, wie die Kinder in der Koranschule um ihren Lehrer. Währenddessen trug er ihnen mit lauter Stimme Verse aus dem Koran vor, wobei er ihnen beibrachte, ihren Körper angemessen zur Rezitation zu schwingen. In der Hand hielt er einen Palmzweig, mit dem er ihnen drohte und sie züchtigte. Die Menge um sie herum verspottete sie und lachte über die Unterrichtsmethoden in Ägypten und wie man die Muslime ihre Religion lehrte.

Als wir diesen Gelehrten fragten, was er treibe und warum er so etwas Verpöntes mache, wurde uns klar, dass er ein gemeiner Muslim und Ägypter war, den die Firma zusammen mit den Kindern mitgebracht hatte, damit sie dieses Schauspiel vorführten. Obwohl in der Firmenleitung einige gottesfürchtige Muslime arbeiteten, missbilligten sie es nicht. Die Gier nach dem Profit erleichterte ihnen diesen Standpunkt. Unsere Ablehnung gegenüber diesem frommen Muslim war größer als diejenige gegenüber jenem Christen, der die Menschen fischte.

Als wir zur Mitte des Platzes gelangten, fanden wir dort einen Basar, der den orientalischen Märkten mit ihren Läden an einem Festtag ähnelte. Rechts stand ein Verkäufer von gerösteten Sonnenblumenkernen und Kichererbsen und von Fūl und Tirmis,[3] links stand ein Verkäufer von ʿIriqsūs und Saḥlab[4]. Auf dieser Seite war ein Verkäufer von Damaszener Seide, auf der anderen ein Verkäufer von türkischem Honig. Außerdem stand dort einer, der gelbe Schuhe und rote Tarbusche feilbot. Auf unsere Erkundigung danach, ob dies alles sei, was Ägypten und die Ägypter an Kultur zu bieten hätten, sagten sie uns: „Ja, und dazu kommt die Ausstellung von Industrie und Landwirtschaft im Inneren dieses Gebäudes." Sie zeigten darauf, und wir traten ein. Wir befanden uns in einem geräumigen Saal nach Art der Tempel der alten Ägypter. Die Läden in diesem Saal ähnelten vor allem Krämerläden, deren Besitzer hin- und herliefen und ihre Waren in allen Ecken anboten. Hier gab es ein Bündel mit Baumwollsamen, dort Klee- und Maiskörner. An einer exponierten Stelle stand eine Vitrine, in der ein mit Gold besticktes Gewand hing, das diejenigen trugen, die in Ägypten vor den Pferden herliefen, die so genannten Qamšaǧīya-Läufer. Wir wandten uns ab und verließen die Abteilung für Landwirtschaft und Industrie voller Kummer und Gram, die unsere Trauer, die wir verspürten, als wir das Theater der Sängerinnen und Tänzerinnen verließen, noch übertrafen.

Wir flüchteten so schnell wie möglich von der ägyptischen Messe und ihrer Schlechtigkeit. Uns stellte sich einer der Werber für die Messe in den Weg und beschwur uns, sie nicht zu verlassen, ohne das Wunder der Wunder gesehen zu haben. Wir fügten uns, und er führte uns in einen Raum mit einem Vorhang, hinter dem ein Mädchen hervortrat, dessen Arme amputiert worden waren und das mit ihren Füßen spann. Bei mehreren Tätigkeiten setzte sie ihre Füße wie zwei Hände ein. Auf der Stelle gingen wir hinaus, ohne uns umzudrehen. Die Sonne ging gerade unter, als wir auf die Straße gelangten. Wir sahen eine Horde ägyptischer Frauen, die in ihren Händen Tamburine und Kerzen hielten, in ihrer

---

3 *Fūl* und *Tirmis* sind bekannte Gerichte aus Bohnen bzw. Süßlupinensamen.

4 *ʿIrq sūs* ist ein Getränk aus Süßholz und *Saḥlab* eines aus pulverisierten Orchideenwurzeln und Milch.

Mitte eine Ägypterin im Brautschmuck. Währenddessen sangen sie Hochzeitslieder wie die auf ägyptischen Hochzeiten. Wir wunderten uns darüber, warum sie den Ort der Ausgelassenheit und des Tanzes auf die Straße verlegten. Während wir da standen, sah der Freund einen seiner ägyptischen Gefährten, um mit ihm die Neuigkeiten darüber auszutauschen, was er an Verdorbenheit gesehen und gehört hatte, und warf den Ägyptern vor, ihren Ruf bei den Nationen durch diese ägyptische Messe schlecht zu machen.

Der Freund: „Möchtest du uns nicht das Geheimnis dieser Schändlichkeit preisgeben? Denn sie haben sich nicht damit begnügt, was innerhalb der Messe Schamloses stattfindet. Sondern sie gingen damit auf die Straße, wie du ja siehst. Nehmen wir an, eine Schar Feinde der Ägypter hätte die Entscheidung getroffen, sich gegen sie zu verschwören, um ihrem Ansehen unter den Nationen großen Schaden zuzufügen, und diese Gelegenheit ausnutzten, um ihre List auszuführen, hätten wir nicht unrecht."

Der Ägypter: „Die Sache ist nicht so, wie du denkst. Vielmehr trieben die endlose Gier und der größtmögliche Profit die Firma zu solchen Dingen, wie z. B. zu der Hochzeitsprozession auf der Straße, mit dem Zweck, Werbung zu machen und die Leute dazu zu verführen, die Messe zu besuchen. Mal ganz davon abgesehen, dass sie dadurch Schande über alle Ägypter bringen! Wer aber die Wahrheit über diese Messe und darüber, wie diese Firma entstanden ist, erkennt, dem wird die Sache sogleich leichter zu ertragen sein. Denn diese Angelegenheit steht nicht unter der Schirmherrschaft der ägyptischen Regierung. Die ägyptische Regierung verweigerte die Antwort auf die Einladung der französischen Regierung und nimmt offiziell nicht an der Messe teil, wie in den Zeitungen veröffentlicht wurde. Die Firma ist keine ägyptische, weil der größte Teil von ihr aus in Ägypten lebenden Orientalen besteht und einigen ägyptischen Taugenichtsen."

Der Freund: „Denkst du, dass sie wirklich so viel Profit aus der Messe ziehen, obwohl sie sich in ruinöser Stagnation befindet?"

Der Ägypter: „Ich glaube nicht, dass der Profit so groß ist. Aber die Firma verliert ja nichts. Indessen tragen die Investoren den Verlust. Bis heute wird dieser Verlust auf 80 000 Francs geschätzt. Hoffentlich bleiben sie auf diesem Kurs, damit sie eine Lehre daraus ziehen und nicht noch einmal ein solches Projekt planen, das für sie nicht frei von Verlust und für die Ägypter nicht frei von Schande ist."

ʿĪsā ibn Hišām sagte: Der Mann verabschiedete sich sehr herzlich, nachdem er einige unserer Schmerzen erleichtert hatte.

Brot der Zivilisation

ʿĪsā ibn Hišām sagte: Nach langem Herumschlendern auf der Messe gelangten wir schließlich zu den ‚Pavillons der Staaten'. Dort sahen wir die Wunderwerke der Vergangenheit und der Gegenwart, die von dem Ruhm und Fortschritt der Staaten Zeugnis ablegen, von ihrer Kreativität und ihrem Erfindungsreichtum. Sie konkurrieren hart miteinander und suchen sich gegenseitig in ihrer Vorzüglichkeit zu übertreffen, in ihrer Größe und Unbeschreiblichkeit. Unter ihnen war die deutsche Nation die am weitesten fortgeschrittene, die am höchsten entwickelte, die mit der höchsten Stellung und der größten Macht, als ob sie nicht willens wäre, sich damit zu begnügen, im Bereich des Krieges und Kampfes die anderen zu überwinden, sondern als wolle sie sie auch im Bereich der Wissenschaften und Erkenntnis übertrumpfen. So überragte sie alle sowohl im Krieg als auch im Frieden durch ihren starken Mut und ihre exzellente Wissenschaft.

Während wir noch unser Auge befriedigten mit der Kunstfertigkeit und Schönheit, da hörten wir einen gewaltigen Lärm und sahen die Leute gegeneinander wogen wie die Wellen eines erregten Ozeans in einer kohlrabenschwarzen Nacht. Sie waren kopflos vor Furcht, sie verloren den Verstand vor Angst und Schrecken. Es verbreiteten sich Schreie und Rufe, und das Jammern und Klagen wurde lauter.

Da fragten wir, was los sei, woraufhin man uns antwortete, dass die Gewölbebrücke über der Messe zusammengestürzt sei, so dass sie mit den darauf laufenden Menschen auf diejenigen gefallen sei, die sich darunter befanden. Uns bot sich ein widerwärtiger Anblick, der die Seele tief bedrückte und Tränen in die Augen trieb. Da lagen mehr als 100 erstarrte Leichname und blutende Körper, weibliche und männliche, alte und junge Messebesucher. Das Blut floss in Strömen. Die Leute warfen sich auf den Boden, um zu erkennen, wer vielleicht von ihren Verwandten und Freunden unter den Verunglückten war. Jeder erwartete eine Katastrophe. Überall herrschten Stöhnen und Weinen. Die Ärzte verbanden die Verletzten, und die Sanitäter trugen sie fort. Uns wurde der Anblick umso unerträglicher, je schlimmer der Zustand wurde. Das Gedränge wurde stärker und nahm uns den Atem. So waren wir unfähig, diesen grässlichen Anblick länger zu ertragen. Da zog mich der Pascha zu sich, damit wir aus diesem Dilemma herauskämen. Also gehorchten wir schnell. Er führte uns, während er sprach.

Der Pascha: „Bei Gott, alles, was wir auf dieser Messe an Anmut und Glanz, an Erquickung für die Seele erfahren haben, kommt dem nicht gleich, was uns in dieser schrecklichen Situation an Betrübnis und Kummer befallen hat, so dass ich mir vorgestellt habe, ich erlebte einen Tag im Krieg, an dem Glieder zerstückelt und Leichen zerstreut werden."

Der Freund: „Wie wahr! Dazu kommt noch, dass die Schrecken des Krieges vielleicht weniger Eindruck in der Seele hinterlassen, weil der Krieg seine eigenen

Männer hat, die sich auf ihn vorbereitet und sich an ihn gewöhnt haben, weshalb sie abgehärtet sind. Außerdem siehst du im Krieg solche Kinder und Jugendliche nicht, auch keine Frauen, deren Haut der Wohlstand zart machte und deren Körper das schöne Leben verwöhnte, so dass sie sich vor der Berührung einer Nadel oder eines Felles fürchten.

Jetzt sind die Glieder unter dem Gesteinsschutt zermalmt und in den Trümmern zermahlen. Auf diese Weise ist das, was sich zu Friedenszeiten in dieser Zivilisation abspielt, schlimmer als zu Kriegszeiten."

Der Pascha: „Es wird Zeit für uns, diese Messe zu verlassen und nie wieder zu ihr zurückzukehren. Denn wir haben sie der Länge und Breite nach durchschritten und genauestens studiert. Langsam sind wir des Besuches überdrüssig."

Der Philosoph: „Wenn ihr euch entschlossen habt, die Messe ab heute nicht mehr aufzusuchen, dann lasst euch nicht entgehen, den Besuch damit zu beenden, das Wunder aller Wunder zu sehen, den Ursprung all dieser seltenen Kostbarkeiten, die Wurzel, aus der sich die Künste und Erzeugnisse verzweigen, die Quelle, aus der die Phänomene der Zivilisation strömen und den Horizont, an dem die Sonne des Wohlstandes und der Kultur aufgeht."

ʿĪsā ibn Hišām sagte: Er verführte uns mit seinen Worten, ihm zu folgen. So gingen wir hinter ihm her, wohin er wollte. Er führte uns zu einem prächtigen Gebäude auf der Messe, zu dem wir noch nicht gelangt waren. Als wir es betraten, standen wir am Eingang eines tiefen, dunklen Stollens, dessen Anblick uns in Aufregung versetzte und dessen Gestalt uns zum Beben brachte. Er bat uns, hinab zu steigen, und drängte uns in eine Maschine, die hinauf- und hinunterfuhr, wie ein riesiger Eimer. So stürzte sie mit uns in einen tiefen Brunnen. Mich packten Angst und Entsetzen, die mich alles vergessen ließen, was in meiner Erinnerung war, alles, was die Welt an Erinnerung bewahrte. Während des Stürzens und Fallens in die immer tiefer werdende Dunkelheit blieb mir nichts außer drei Versen, die al-Farazdaq[1] vortrug, als er an den Seilen der schönen Frauen die Mauern herabstieg, um vor dem Angriff des eifersüchtigen Rächers zu flüchten:

Als meine Füße den festen Boden erreichten, riefen sie: Bist du lebendig,
wie wir hoffen, oder tot, wie wir fürchten?
Ich sagte: Holt die Seile hoch, damit sie uns nicht erwischen!
Dann flüchtete ich mich in die tiefe Nacht.
Sie ließen mich herab aus einer Höhe von 80 Manneslängen, so schnell
wie ein schwarz gefiederter Falke auf seine Beute stürzt.

---

1 Al-Farazdaq (st. 110/728 oder 112/730): berühmter arabischer Satiriker und Panegyriker. Er lieferte sich mit seinem Zeitgenossen al-Ǧarīr (st. 110/728-729 oder später, vgl. A. Schaade, H. Gaetje: „al-Djarīr", in: *EI*², Bd. 2, Leiden 1965, S. 479-480; *GAL* G I, S. 56-58, S I, S. 86-87; *GAS* II, S. 356-359) erbitterte, dichterische Wettkämpfe (Régis Blachère: „al-Farazdaḳ", in: *EI*², Bd. 2, Leiden 1965, S. 788-789; *GAL* G I, S. 53-56, S I, S. 84-85; *GAS* II, S. 359-363).

Hätten nicht der vertraute Umgang und die lange Gesellschaft unser Vertrauen in den französischen Philosophen gefestigt, so hätten wir gesagt: Er führt eine List gegen uns im Schilde und möchte das in unserer Zeit wiederholen, was die Söhne Jakobs ihrem Bruder in der Vergangenheit angetan haben.[2]

Als wir im Inneren der Erde aus unserer Ohnmacht erwachten, fragten wir ihn, in welcher Hölle wir uns befänden, oder in welcher der sieben Erdschichten. Darauf erfuhren wir, dass wir uns an einem Ort befanden, den man nach Art der Steinkohleminen untertage gestaltet hatte. Man erklärte uns, wie die Arbeiter die Kohle aus der Dunkelheit des Schachtes förderten. So begannen wir, in die Finsternis zu starren, in der Hoffnung, irgendetwas zu erspähen. Allmählich nahmen die Arbeiter vor uns Gestalt an, die eifrig bei der Arbeit waren. Dabei half ihnen das Licht einer Lampe, die an die Seite jedes Arbeiters gebunden war, als ob es das Feuer eines Glühwürmchens wäre, das in einer schwarzen Nacht entzündet worden war. Wie könnte das Licht dieser elektrischen Lampen die stockfinstere Dunkelheit spalten, zumal da sie beinahe so dick war, dass man sie mit der Hand greifen konnte? Doch diese Lämpchen taugen nichts, um die Dunkelheit zu entschleiern und zu erhellen, sondern sie verstärken sie nur, indem sie sie deutlicher zeigen. Wir stolperten mehr, als dass wir gingen. Wir sahen Schächte, Höhlungen und Gräben, in denen sich die Giftnattern trotz ihrer Wendigkeit verirrten und zusammenkrochen, anstatt dahinzugleiten. In jeder Öffnung sahen wir Gespenster, die mit ihren Körpern mannigfaltige Gestalten formten, wie die Kämpfer im Kampfe, um in den engen Gängen und Windungen arbeiten zu können. Dabei hielten sie leichte und schwere Geräte zum Schneiden und Graben in den Händen. Zusätzlich hatten sie Holzpfeiler, mit denen sie die Wände der Höhlen stützten, die einzustürzen drohten. Einer von ihnen stand auf Zehenspitzen, ein anderer lag auf der Seite, ein dritter kniete, und ein vierter lag auf dem Gesicht, während das Wasser aus den Ritzen der Wände rann. Dies ist nur einiges von dem, was die Körper an Strapazen erlitten. Nur Gott weiß aber, was in den Köpfen und Herzen vorging, da sie immer verschiedenen Gefahren ausgesetzt waren und unterschiedliche Arten von Tod erwarten mussten: durch Einstürze oder Eindringen von Wasser, durch Explosionen oder plötzlichen Wasseranstieg, durch Ertrinken oder Verbrennen und durch Verschüttet-Werden oder Ersticken. Ihre größte Sorge war, ihre Stirnlampen zu beobachten, aus Angst, dass sie aufgrund von Erschütterungen rissig würden, so dass sie Kontakt mit dem Kohlenstoffdioxid nähmen, das aus der Mine strömte wie Luft. So bewegten sich die Wände, fielen die Steine und versänke die Erde. Schließlich fanden wir einen Ausgang, durch den wir ins Freie traten. Wir ließen die Leute in Ruhe arbeiten in einer dreifachen Dunkelheit:

---

[2] Anspielung auf die biblische Geschichte von Josef, der von seinen Brüdern in den Brunnen geworfen und anschließend an Kaufleute verkauft wird (Bibel, 1. Mose, 37).

Denn die Kohle ist eine feste Dunkelheit, die Dunkelheit ist flüssige Kohle, und ihr Leben ist pechschwarz. Gott schütze uns vor dem Bösen!

Dann liefen wir ein wenig in der Goldmine herum, nachdem wir dorthin von der Kohlemine gelangt waren. Weder waren die Arbeiter glücklicher, noch ihre Strapazen erträglicher. Sie hatten keinen Anteil an dem klingenden Gold, das den Rost ihres Kummers und ihrer Traurigkeit abschleifen könnte. Doch sie standen angesichts des ganzen Silbers und Goldes mit leeren Händen da, ihr Gesicht bleich vor Müdigkeit und Anstrengung.

Das Tödlichste für das Kamel ist der Durst, während es das Wasser auf dem Rücken trägt.

Die Feuchtigkeit hätte beinahe das Blut in unseren Adern zum Gerinnen gebracht. Also eilten wir zum Aufgang, und wir traten aus dem Inneren der Erde an ihre Oberfläche. Wir blieben ein Weilchen stehen, und weil uns das Tageslicht überraschte, rieben wir uns den Schleier der Dunkelheit aus den Augen. Wir gingen, um das weite Land zu genießen, während wir keine Silbe sprachen und keinen Laut von uns gaben. Da lenkte unser Freund, der Philosoph, unseren Blick auf die Kanonengießerei, die die größte Gießerei Frankreichs ausstellte, aus der der größte Kanonenzylinder der Welt herausragte. Er sprach uns an.

Der Philosoph: „Dies ist das dritte Fundament der Zivilisation. Denn ihr habt das erste Fundament bereits gesehen, nämlich die Kohle. Das zweite ist das Gold, und dies ist das dritte, nämlich das Eisen.“

Der Freund: „Und wir haben das Eisen herabkommen lassen, das (wenn es zu Waffen verarbeitet ist) schreckliche Gewalt in sich birgt, für die Menschen aber auch (in mancher Hinsicht) von Nutzen ist.“[3]

Der Philosoph: „Jawohl, denn sie fördern Gold, um damit Kohle zu kaufen, mit der sie Eisen schmelzen, aus dem sie anschließend allerlei Waffen und Maschinen herstellen. Auf diese Weise bieten sie den Menschen, was ihr hier an Industriewundern seht. Ihr sollt wissen, dass alles, was euer Auge bezaubert und euer Herz entzückt, im Grunde auf jene schwarze Kohle zurückgeht, die heutzutage das zweite Brot für die Menschen in der zivilisierten Welt ist. Aus dieser Kohle entstehen Luxus und Komfort, Stärke und Macht. Verflucht sei der Mensch! Wie rebellisch und hässlich sein Werk ist! Er lässt Millionen Arbeiter in die tiefsten Schichten der Erde fallen. So zerstört er deren Inneres, um daraus das zu fördern, womit er deren Oberfläche zerstört. Verderben über den Menschen! Er behauptet, er kämpfe für Glück und Wohl im Leben, während er seine Tage in Unglück und Elend verbringt, bis ihn das Todesgeschick ereilt. So scheidet er weinend aus dem Leben, wie er weinend auf die Welt gekommen ist, nachdem er den Augenblick des Lebens in einem Zustand verbracht hat, der armseliger ist als der des Getiers und Ungeziefers, wobei er doch behauptet, das vorzüglichste aller Geschöpfe zu sein!“

---

3 Koran: 57, 25

Der Pascha: „Wie hoch ist die Zahl der Arbeiter in Frankreich, die die Kohle fördern? Und wie viel verdient ein Arbeiter am Tag?"

Der Philosoph: „In den Kohlebergwerken arbeiten 100 000 Arbeiter, und ihre Fördermenge erreicht 27 000 000 Tonnen, die für 260 000 000 Francs verkauft werden. Der Arbeiter arbeitet dafür Hunderte Meter tief in der Erde, inmitten von Gefahren, die jährlich nicht weniger als 1 500 Unfälle verursachen und eine große Anzahl an Toten und Verletzten fordern, ausgenommen die Brust- und Lungenkrankheiten, die die Arbeiter befallen, da sie Kohlenstoff und schlechte Luft einatmen. Einige arbeiten nachts, andere tagsüber, samt ihrer Kinder und Frauen. Dies alles für einen Tageslohn zwischen zwei und fünf Francs."

Der Pascha: „Wohin fließen all die Hunderte Millionen Gewinn aus der Kohle, die die Frucht ihrer harten Arbeit und das Ergebnis ihrer Mühe sind?"

Der Philosoph: „All das geht an eine bestimmte Schar von Unternehmern und Privilegierten, die es dann für ihre Leidenschaften ausgeben oder in ihren Truhen sparen. Nimm bloß nicht an, die Francs, die der Arbeiter als Tageslohn verdient, kämen tatsächlich in seiner Hand an! Denn die meisten Unternehmen errichten Wohnblöcke für die Arbeiter in der Nähe der Minen, und daneben eröffnen sie Märkte. Somit arbeitet der Arbeiter in der Mine der Firma, er wohnt in den Häusern der Firma und kauft seine Lebensmittel und Kleidung vom Markt der Firma. Die Firma ihrerseits verrechnet es ihm mit seinem Lohn, und wenn er am Ende des Monats weder Schulden, noch Verdienst hat, ist er glücklich und zufrieden."

Der Freund: „Daher entstanden auch die sozialistischen Ideen und ihresgleichen. Denn wie soll der Mensch diese Zustände ertragen, wenn er wie ein Insekt im Inneren der Erde arbeitet, um diese Scheininvaliden in den Schlössern der Macht und des Wohlstandes zu bereichern?!"

ʿĪsā ibn Hišām sagte: Wir kamen auf unserem Weg zu dem berühmten Turm des renommierten Architekten Eiffel. Wir lehnten unsere Rücken dagegen, dachten über die Machenschaften des Menschen nach und daran, was für Verrücktheiten er zu aller Zeit begeht. Dabei behauptet er, das vollkommenste Geschöpf und ein vernunftbegabtes Wesen zu sein!

Das achte Weltwunder

ʿĪsā ibn Hišām sagte: Wir blieben stehen, um uns diesen mächtigen Turm und diese hohen Säulen anzuschauen. Seine Größe füllte uns mit Entsetzen, und seine Komposition versetzte uns in Entzücken. Unter den Sehenswürdigkeiten ist er die kostbarste Perle, der strahlendste Stern, der erhabenste Berg und der stolzeste Gipfel. Er ist ein Wunder der Baukunst und Präzision und trotz seiner Reife die unberührte Jungfrau dieser Messe. Vor ihm verbeugen sich Festungen und Bergketten, und Hügel und Massive werfen sich vor ihm nieder. Was sind gegen seine Höhe die Pyramiden und gegen seine Mächtigkeit das Schloss Hāmāns, als ihm der Pharao in seinem Unglauben und seiner Hartnäckigkeit befohlen hatte: Hāmān, baue mir ein (hochragendes) Schloss! Vielleicht kann ich (damit) die Zugänge erreichen, die Zugänge zu den (sieben) Himmeln, und zum Gott Moses emporsteigen. Ich bin aber der Meinung, dass er (d. h. Mose) ein Lügner ist."[1]

Falls Pharao diesen Turm gesehen hätte, hätte er niedergerissen, was er selbst erbaut und in die Höhe gezogen hatte. Er hätte dann nicht gesagt: „Ich bin euer höchster Gott." Sondern er hätte sich von seinem Architekten abgewandt, ihn tausendmal auspeitschen und ihn an einen Baum wie einen Ohrring hängen lassen. Was ist der Turm zu Babel im Vergleich zu einem Turm, der die Himmelskörper küsst und Sirius und den Canis Minor[2] überragt?!

Wenn ein Adler um ihn schwebte, würde er der dritte des Sternbildes ‚Adler und Lyra', und er baute sein Nest zwischen den ‚Beiden Brüdern'.[3]

Wie kann die Phantasie eines Dichters die Höhe dieses Turmes überflügeln und seine Erhabenheit übertreffen? Kein Wunder, dass die Fähigkeiten des Dichters zu begrenzt sind, um ihn zu beschreiben. So fühlt er sich gezwungen, das Große mit dem Kleinen, das Erhabene mit dem Niederen zu vergleichen, wie man die Sonne mit dem Weinglas, die Plejaden mit einer Traube, das Sternbild der Zwillinge mit einem Zweig, die Perlen der Sterne mit gereihten Muscheln, die stockfinstere Nacht mit einem schwarzen Sklaven und die Morgenröte mit auf der Erde fließendem Blut zu vergleichen versucht. So will er sagen: Der Eiffelturm ist das Alif des arabischen Alphabets in dem Buch des Fortschrittes und der Fortentwicklung, sein Hamza[4] ist die Fahne, die am Horizont weht. Oder er ist die erste Zahl in der Tabelle der Künste und Wissenschaften oder die Nadel, die man in den Globus steckt, um die Stellen der Zivilisation zu bestimmen, oder er ist der Stift, mit dem man auf der Oberfläche des Mondes niederschreibt,

---

1 Koran 40, 36-37.

2 Sternennamen (vgl. Edward William Lane: *An Arabic-English Lexicon, derived from the best and the most Copious Eastern Sources,* hrsg. von Stanley Lane Pool, Bd. 2, Cambridge 1984 (Nachdruck der Ausgabe London: Williams and Norgate, 1877), S. 2626).

3 Die beiden Sterne β und γ im Sternbild des Kleinen Bären.

4 Oberer Bestandteil des Alif, des ersten Buchstabens im arabischen Alphabet.

welche Stärke und Größe die westlichen Nationen erreicht haben. Oder er ist eines der Hörner des Stieres, der die Erde trägt, wie einige behaupten, das die Erdoberfläche durchbohrt hat.

Als wir unsere Umkreisung beendet hatten und unsere Seelen von Ehrfurcht und Hochschätzung erfüllt waren, hörten wir den Freund stöhnen und seufzen. Er wiederholte sich immer wieder.

Der Freund: „So ist der Lauf der Dinge seit jeher. Wann auch immer eine Nation auf den Wegen der Zivilisation aufsteigt, setzt sie sich ein Denkmal, das alle vorhergehenden übertrifft. Dieses ist ihr Zeuge unter den Menschen für die Erhabenheit und Macht, die sie in ihrer Epoche erreicht hat. Geschwind löscht die Zeit dieses Denkmal aus ihrem Gedächtnis, um ein neues zu errichten, das das gleiche Ende erfährt. So pflegt die Zeit zu löschen und zu errichten. Der Mensch verschläft es jedoch, daraus Lehren zu ziehen. Bei Gott, dies alles ist nichtig und ein Schatten, der vergeht!"

Der Philosoph: „Bringe uns mit deinen Gedanken nicht in Turmeshöhe, bevor wir ihn bestiegen haben! Und lenk uns mit deinen Weisheiten nicht davon ab, ihn anzusehen! Lasst uns also aufsteigen!"

ʿĪsā ibn Hišām sagte: An einer Seite des Turmes stiegen wir in einen Fahrstuhl ein, der uns in einem Moment so kurz wie ein Augenblick von der Erdoberfläche in den Himmel hob. Er hielt im zweiten Stock. Siehe, da war einer der größten Märkte, auf dem sich die Kaufläden mit ihren zahlreichen Waren und die Schenken mit ihren verschiedenen Weinen reihten. In seiner Mitte befand sich ein ansehnliches Restaurant, das allen Restaurants der Erde Verachtung schenkte. Wir nahmen am Rande Platz. Der Pascha begann, den Philosophen nach allgemeinen Informationen und Details zu fragen.

Der Philosoph: „Dieser Turm erhebt sich von der Erde bis zu einer Höhe von 300 Metern. Er besteht aus reinem Eisen. Sein Gewicht beträgt 9 000 000 Kilogramm. Er setzt sich aus 12 000 Teilen zusammen, die von 2,5 Millionen Haken verbunden werden. Er ist einige Jahre alt. Der Erlös aus den Eintrittsgeldern während der letzten Messe erreichte 7 000 000 Francs. Hätten die Völker in alten Zeiten so etwas bauen können, wäre das das achte Weltwunder."

Der Pascha: „Was sind die sieben Weltwunder?"

Der Philosoph: „Sie zu erwähnen, braucht viel Zeit."

Der Freund: „Dieser unser Sitzplatz, hoch über der Erde und von der übrigen Welt isoliert, lässt unsere Gedanken über die Geschichte der Menschheit schweifen, um einen Vergleich zwischen den Taten des Menschen in der Vergangenheit und der Gegenwart anzustellen. Die unterschiedlichen Epochen und der Lauf der Zeiten haben an der Natur des Menschen nichts geändert. Denn er ist, wie er war, in seiner Liebe zu Wunder und Staunen. Dafür tauscht er das Wohl der Erde mit seinem Unglück und tut Dinge, die nicht unbedingt nötig sind, bloß um der Eitelkeit und des Hochmuts willen, nur um sich zu rühmen und zu prahlen."

Der Philosoph: „Ja, du hast Recht, wenn du diese weisen Überlegungen anstellst, um die Taten des Menschen und die Natur der Schöpfung zu begründen, während du von hier oben auf die Leute da unten schaust, als wären sie Massen von Ameisen, die für ihren Lebensunterhalt hin- und herlaufen. Der Unterschied aber zwischen den beiden Gattungen ist, dass die Ameisen sich gegenseitig stützen und zusammenarbeiten, wohingegen die Menschen sich gegenseitig bekämpfen und schlachten. Doch ihr Schicksal ist eins, und alles ist vergänglich. Die Arbeit der Ameisen ist wahrhaftig, die des Menschen jedoch nichtig.

Wenn ihr darauf beharrt, dass ich euch die Wunder, die die Menschen vollbracht haben, nenne, so sind sie folgende: die Pyramiden, die hängenden Gärten, die Stadtmauern von Babylon, die Zeusstatue des Phidias, der Koloss von Rhodos, der Tempel der Artemis in Ephesos und das Grab des Königs Mausolos II.

Was die Pyramiden von Gizeh anbelangt, so sind sie euch bekannt.

Was die hängenden Gärten im Irak betrifft, so errichtete sie Nebukadnezar II. über dem Hügel, der heute unter dem Namen ʿUmrān ibn ʿAlī bekannt ist. Die Ausmaße der Gärten betrugen 40 Faddān[5]. Sie wurden in Form von Bergen angelegt, deren Kuppeln auf Säulen ruhten, die geleert und mit Lehm gefüllt wurden. Man bepflanzte sie mit Bäumen, deren Wurzeln aus dem Fundament trieben und deren Wipfel ergrünten. Sie bauten Stufen, auf denen man emporsteigen konnte wie auf Berggipfel, wo Früchte gediehen, Blumen blühten und Gräser wuchsen. Räderwerke drehten sich, um Wasser aus dem Euphrat zu den höchsten Kuppeln zu befördern. Man sagt: Der Grund, warum diese Gärten in dieser Form gebaut worden waren, war der, dass die Frau des Königs sich stetig nach dem Land sehnte, in dem sie aufgewachsen war. Also errichtete der König einen künstlichen Garten, um die Natur zu ersetzen.

Was die Stadtmauern von Babylon angeht, so waren sie mehrere Mauern, die ineinandergriffen und deren Umkreis reichte, um sieben Städte wie Paris zu umgeben. Sie waren 48 Meter hoch und 27 Meter breit. Um sie herum verlief ein tiefer Graben, auf ihr waren zahlreiche Türme, und sie hatte hundert eiserne Tore.

Was die Statue des Zeus, des höchsten Gottes der Griechen, betrifft, so meißelte sie der berühmte Steinhauer Phidias für sie. Sie war 14 Meter hoch. Er saß auf einem Thron und war mit Lorbeerblättern bekränzt. In seiner Rechten hielt er die Statue des Siegesgottes, die aus reinem Gold und Elfenbein bestand. In seiner Linken hielt er das Zepter, das mit Edelsteinen verziert war. An seiner Seite stand

---

5 Ägyptisches Flächenmaß: 1 *faddān* betrug ab dem 19. Jahrhundert 333 1/3 qaṣaba, wobei 1 *qaṣaba* nach 1830 355 cm entsprach. Insgesamt ergibt sich also ein Flächenmaß von 4200,833 m^2 (Vgl. Walter Hinz: *Islamische Masse und Gewichte. Umgerechnet ins metrische System,* Leiden, Köln: Brill, 1970, S. 65). Demnach erstreckten sich die hier erwähnten Gärten über 168,03332 km^2. Das gälte, falls al-Muwayliḥī von der Größe eines *faddān* seiner Zeit ausginge. Ein mittelalterliches *faddān* betrug nach Hinz ca. 6386 m^2 (ebenda), so daß man auf eine Fläche von 255,44 km^2 käme. Wie groß die Gärten zu Nebukadnezars Zeiten waren, lässt sich nicht bestimmen, wahrscheinlich steht diese große Fläche ohnehin stellvertretend für die gigantische Größe der Gärten.

ein goldener Adler. Auch die Schuhe und der Chiton waren aus Gold. Der Thron aber bestand aus Marmor, Elfenbein und Ebenholz, dessen Fußbank zwei goldene Löwen bildeten. Der Künstler leistete Vorzügliches und bemaß die Proportionen der Glieder trotz der enormen Größe präzise, so dass die alten Griechen diese Statue als das Vortrefflichste betrachteten, was je geschaffen wurde. Jeder Grieche nahm an, er wäre weniger gläubig, wenn er vor seinem Tod nicht zu der Statue gepilgert war.

Was aber den Koloss von Rhodos anlangt, so ist er die Statue des Apollon, des Gottes der Künste bei den Griechen. Man errichtete sie gegenüber dem Hafen. Sie war 32 Meter hoch und somit die höchste der Statuen, die die Alten erbaut hatten. Schließlich wurde sie durch Erdbeben zu Fall gebracht und zerschmettert. Im siebten Jahrhundert nahmen die Araber viele ihrer Teile an sich.

Was den Tempel in Ephesos, einer Stadt der Griechen, betrifft, so ist er der Tempel der Diana, der Göttin der Jagd. Er war ohnegleichen unter sämtlichen Tempeln in seinem Bau, in seinem Schmuck und seiner Ausstattung. Als Hinweis darauf, dass er das größte Denkmal bei ihnen war, wird überliefert, dass ein geltungssüchtiger Mann, der um jeden Preis Berühmtheit erlangen wollte, namens Herostratos, eine günstige Gelegenheit suchte, um sich in der Welt auszuzeichnen und damit sein Andenken allezeit verewigt wäre. Er wandte jede List an, um den Tempel in Brand zu stecken. So fraß ihn das Feuer. Der Verbrecher verkündete daraufhin, dass er selbst derjenige sei, der diese schändliche Tat begangen hatte. Das Gericht verurteilte ihn des Todes durch Folter. Man begriff, was das Ziel der Brandstiftung war, weshalb man befahl, jedem, der seinen Namen erwähnte, das gleiche zuzufügen. Dies war der Grund dafür, dass sein Name verbreitet wurde, weil die Leute nämlich begannen, über ihn zu flüstern. Somit wurde er bis heute wegen seiner schlechten Tat berühmt und sein Andenken ewig. Der Tempel wurde in der Nacht in Brand gesteckt, in der Alexander der Große geboren wurde. Als der König davon erfuhr, bot er den Bürgern von Ephesos an, den Tempel für sie auf seine Kosten wiederaufzubauen unter der Bedingung, seinen Namen darin einzumeißeln. Sie lehnten das jedoch ab, damit sie keinem Fremden etwas schuldig blieben, weil er ihnen ihren Tempel wiederaufgebaut hätte. Sie selbst befassten sich mit dem Neubau und seiner Verzierung, was ihnen nach 220 Jahren gelang. Er hielt stand bis zur Zeit des römischen Kaisers Nero, der all seine Schätze raubte und seine Mosaiken aus dem Boden riss und in seinem Schloss in Rom verlegte. Die Geschichte endete damit, dass die Germanen ihn während ihrer Kriege verwüsteten.

Nun aber zur Grabstätte des Königs Mausolos II.! Dieses Grab errichtete seine Frau und Schwester nach seinem Tode. Dafür versammelte sie die geschicktesten Handwerker aus allen Regionen der Welt, von denen jede Gruppe auf ein bestimmtes Gebiet spezialisiert war. Die Höhe des Grabmales betrug 42 Meter, und seine Säulen waren aus feinstem Marmor, die mit Bildern historischer Ereignisse geschmückt worden waren. Seine Decke bestand aus einer Marmorplatte, auf der seine Kriegszüge dargestellt waren. Das Mausoleum blieb bis zum 14. Jahrhundert heil. Dann verlor sich seine Spur im Mittelalter. Einige Teile von ihm wurden im 16. Jahrhundert abtransportiert, um in seiner Nähe die Zitadelle von Bodrum[6] in Anatolien zu bauen. Einige Trümmer aus verziertem Marmor blieben jedoch bis zur Mitte dieses Jahrhunderts an ihrer Stelle. England kaufte sie und stellte sie im Londoner Museum aus."

Der Freund: „Wie sehr gleichen sich doch heute und gestern! Wie fern ist der Mensch doch der Mahnung und Lehre! Jahrhunderte vergingen, die Schläfen der Zeit ergrauten, und die Welt veränderte sich. Die Altertümer verschwanden aus Raum und Zeit, aber der Mensch ist immer noch derselbe. Er bleibt im Irrtum, denkt, dass seine Taten und sein Wirken ewig seien. In diesem Glauben gibt es keinen Unterschied zwischen dem Assyrer unter dem Turm zu Babel und dem Franzosen unter dem Eiffelturm. Beide geben sich Mühe und nehmen Elend auf sich, doch ihrer beider Taten bestehen nicht für immer und ewig. Allein Erzählungen und Erinnerungen bleiben.

Jeder Bau ist der Zerstörung geweiht, gleich, ob ihn eine Taube
oder ein hoch angesehener Herr errichtet hat.
Jeder Reisende begnügt sich mit dem Schatten eines Christdorns als Zeltplatz.[7]"

Der Philosoph: „Jawohl. Zu diesem Thema fällt mir ein Dialog ein, den einer der alten Gelehrten[8] verfasst hatte und der zwischen Diogenes, dem alten, asketischen Philosophen, und dem König Mausolos II., dem Herrn jenes berühmten Grabes, in der Welt der Toten geführt wird.

Diogenes: Was ist mit dir, Asiate, dass du so hochmütig in deinen Leichentüchern herumstolzierst, als wünschtest du dir, auch hier unter den Toten einen vornehmeren Rang einzunehmen als sie, und unter der Erde eine höhere Stelle zu besetzen als sie?!

Der König: Gibt es etwa jeglichen Zweifel daran? Seit wann sind Könige und der Pöbel gleich? Ich bin der größte König, was das Königreich und die Macht betrifft, das schönste Geschöpf, was Schönheit und Pracht betrifft, und der größte Eroberer, was Sieg und Ruhm betrifft. In meinem Leben war ich der höchste Kronträger unter Königen und Machthabern, und heute, da ich tot bin, habe ich das größte Grabmal. Falls ein Verleumder behauptete, seine königliche Pracht gleiche der meinen, dann müsste er doch bald verstummen, weil er nicht solch

---

6 Stadt an der Westküste der heutigen Türkei, sie wurde über der antiken Stadt Halikarnassos erbaut (vgl. Tuncer Baykara: „Bodrum", in: Türkiye Diyanet Vakfi (Hrsg.): *İslâm Ansiklopedisi*, Bd. 6, Istanbul: Türkiye Diyanet Vakfi, 1992 S. 247-249).

7 *Šurūḥ Siqṭ az-zand [li-Abī l-ʿAlāʾ al-Maʿarrī]*, Bd. 3, Kairo: Maṭbaʿa Dār al-kutub al-Miṣriyya, 1947, S. 1002-1003 (aus der 43. *qaṣīda*).

8 Lukian von Samosata (st. nach 180 n. Chr.): antiker Satiriker. Zur hiesigen Szene aus den Totengesprächen, Nr. 29 *Luciani Opera,* recognovit brevique adnotatione critica intruxit Matthew Donald Macleod, Bd. 4: Libelli 69-86, London u. a.: Oxford University, 1987, S. 226-228.

ein Grab besäße. Denn es ist das Wunder der Menschheit mit seinem Schmuck und seinen Inschriften. Es ist das Wunder der Zeiten in seiner Herrlichkeit und seinem Stolz. Glaubst du denn nicht, der du in der Welt als Asket gelebt hast und im Jenseits in Vergessenheit geraten bist, dass ich kein Recht darauf habe, mich stolz und überlegen zu fühlen?!

Diogenes: Aber wie ich sehe, großer, ruhmvoller König, ist dir auch nichts geblieben von deiner Macht und deinem Ruhm, dir ist auch nicht mehr geblieben als mir. Dieser dein Schädel zeichnet sich durch nichts vor meinem aus: Beide haben Löcher für die Augen, Löcher für die Nase und hervorstehende Zähne. Was jenes prächtige Grab und jene verzierten Steine über deinem Kopf betrifft, so nützen sie dir heute nichts, nachdem du heute, da du in ihm liegst, dem gleichst, der in der Wüste begraben worden ist. Indessen nutzt es nur eine kurze Weile den Lebenden deines Volkes, die sich seiner rühmen, wenn jemand aus fernen Ländern es aufsucht. Dann dauert es nicht lange, bis seine Steine eingeebnet werden und seine Spuren verschwinden.

Der König: Was höre ich da, beim Gott des Donners und des Blitzes! Ist denn wirklich alles vergänglich und nichtig von dem Ruhm und der Macht, die ich inne hatte? Und werde ich gleich Diogenes, so dass er mich tadeln und rügen kann?

Diogenes: Sage nicht, du Geschöpf, dass du mir gleich geworden bist! Welch großer Unterschied besteht zwischen dir und mir. Denn du stöhnst fortwährend darüber, was du alles an Königtum, Macht und Luxus in der Welt hattest, während ich nichts nachtrauere und mich jetzt nichts betrübt. Ich hinterließ im Leben nichts, dessen Verlust ich bedauere und von dem ich mich schmerzvoll trennen musste. Falls ich mich doch einmal an die Tonne, in der ich auf der Welt lebte, erinnere, dann vor Freude darüber, dass meine jetzige Wohnstätte im Inneren der Erde geräumiger und schöner ist. Aber in den Herzen der Menschen bleibe ich in guter Erinnerung. Die Spur meiner Wohltaten bleibt ewig, die Tage werden sie nicht löschen, die Zeit lässt sie nicht verblassen. Wie kannst du, Eitler, dich mit mir vergleichen? Wie kannst du, Verrückter, dein Andenken mit meinem gleichsetzen?!"

Der Pascha: „Wie weise ist diese Ermahnung und wie großartig die Lehre!"

Der Philosoph: „Wüsstet ihr, dass der Architekt dieses großartigen Turms, Monsieur Eiffel, schließlich unter dem Verdacht des Diebstahls stand und wegen des berühmten Panama-Skandals verhaftet wurde, würde euer Erstaunen über das Schicksal solcher Bauwerke und darüber, mit welch schlechtem Ruf ihre Architekten enden, größer.

Jetzt habt ihr die Sehenswürdigkeiten der Stadt, ihre Denkmäler, Wunder und Instrumente erfasst, vom tiefsten Inneren der Erde bis zum höchsten Dach des Turms. Auf dieser Messe offenbarten sie sich auf schönste Weise und beste Art. Wenn ihr vorhabt, geschwind nach Hause zurückzukehren, dann reichen euch die Erlebnisse, die die Brust mit Ehrfurcht und die Augen mit Schönheit gefüllt haben, und ich verabschiede euch hiermit mit tiefem Bedauern. Denn ich fand in euch guten Umgang und angenehme Gesellschaft, angeborene Intelligenz und Verstandesschärfe, die ich zuvor nicht bei vielen Morgenländern erfahren hatte. Wenn ihr aber vorhabt, länger unter uns zu weilen, und eure Neugier groß ist, nach dem materiellen, das soziale Leben dieser westlichen Zivilisation zu erkunden, wenn ihr die gesellschaftlichen Verhältnisse tiefer begreifen wollt, und wie man sich im Zusammenleben verhält, wie die Charaktere und Eigenschaften, die Natur und Gewohnheiten der Gesellschaft beschaffen sind, dann stehe ich zu eurer Verfügung, um euch zu begleiten. Ich wäre euch dankbar für das Vergnügen, das ihr mir durch eure Geselligkeit und Vertrautheit im Gespräch bereitet."

'Īsā ibn Hišām sagte: Mit diesen Worten machte er uns einen längeren Aufenthalt schmackhaft. Wir bedankten uns für seine Wohltat und Großzügigkeit. Seine Meinung stieß bei uns auf freundliche Aufnahme, so bevorzugten wir zu bleiben, anstatt schon abzureisen. Also beendeten wir unseren Besuch der Messe der Kostbarkeiten, um die Messe der Sitten und Gebräuche zu betrachten.

Vom Westen in den Osten

ʿĪsā ibn Hišām sagte: Wir verweilten bei unserem Freund, dem Philosophen, ließen uns auf unserem Weg von ihm führen und uns durch das Licht seiner Gedanken und Meinungen erleuchten. Wir folgten ihm wie die Kamele ihrem Führer und die Schar ihrem Leiter und dankten Gott dafür, dass er ihn uns zur Gesellschaft und Begleitung schickte. So verbrachten wir mit ihm seit Ende der Weltmesse Tage und Nächte wie im Traum, indem er mit uns in vollen Salons und auf großen Gesellschaften umherzog, um die Sitten und Gebräuche der verschiedenen Bevölkerungsschichten zu erkunden. Mal brachte er uns zu den Höchsten und den Vornehmen, mal zu den Niedrigsten unter den Untertanen und dem gemeinen Volk, heute zu großen Männern und Fürsten, morgen zu Häuflein von Arbeitern und Tagelöhnern. Wir wandten uns von dem Gespräch mit Besitzern von hohen Schlössern zum Gespräch mit Besitzern verfallener Hütten, von Kanzeln und Rednerpulten zu Stätten der Ausschweifung und des Scherzens, von den Säulenhallen der hervorragenden Gelehrten zu den Gassen der pöbelhaften Toren, von den Gesellschaften der Wissenschaften zu den Schenken des Tanzes und Gesangs. So blieb keine Gemeinschaft, deren Tugenden und Laster, deren hohe und niedere Naturen wir nicht studiert hätten, so dass wir nun alles über sie in Erfahrung brachten, indem wir die Ursachen und Gründe erforschten und hinter die Dinge blickten, bis uns der Winter mit Sack und Pack erreichte. Er kam mit Eis und Matsch, Donner und Blitz, Stürmen und Böen. Tag um Tag verbarg sich die Sonne vor uns mehr, und der Schleier der Dunkelheit senkte sich über die Welt. Von morgens bis abends leuchteten uns elektrische Lampen, der Rauch der Fabriken und Häuser stieg in den Himmel und bildete künstliche Wolken zusätzlich zu den natürlichen. Tag und Nacht strömten Regen und Bäche, bis sie Quellen und Flüsse überschwemmten. Das Wasser überflutete Tal und Land. Der Fluss der Stadt stieg über seine Ufer und erreichte die Häuser, vielleicht würde er sogar bis zu den Stockwerken vordringen! Wir zogen uns in die Räume und Kammern zurück, in denen wir unsere ganze Zeit verbrachten, als wären wir in der Hölle. Mal quälte uns das Feuer des Kamins, mal die Eiseskälte des Winters. Wir führten beständig Gespräche über alles, was wir über diese Stadt in Erfahrung gebracht haben. Der Freund äußerte sich nach seiner Gewohnheit, indem er harsche Kritik nach links und rechts austeilte.

Er zählte die schlechten Eigenschaften der westlichen Zivilisation auf, was das Ohr erschrecken und das Auge tränen ließ, bis er den Philosophen zu einer Antwort provozierte, um die Vorwürfe zu entkräften.

Der Philosoph zu dem Freund: „Mein Freund, du übertreibst in deinen Worten und Beschreibungen. Wenn auch einiges davon recht und wahr ist, so hat diese Zivilisation doch gleichermaßen schöne Seiten wie auch schlechte. Schätze sie nicht gering, und verachte sie nicht! Nehmt, was euch Morgenländern nützlich ist und zu euch passt, und lasst, was euch schadet und gegen eure Natur verstößt! Macht euch die große Industrie und die riesigen Maschinen zunutze! Nehmt von der Zivilisation die Stärke, um euch gegen den Schaden durch Habsucht und die Gier der Kolonialisten zu wehren! Und tragt die Vorzüge des Abendlandes ins Morgenland, aber haltet an euren schönen Sitten und Gebräuchen fest! Denn ihr könnt ruhig auf die Sitten anderer Völker verzichten. Genießt das Glück eures Landes und den Wohlstand! Dankt Gott dafür, was er euch gegeben hat!"

ʿĪsā ibn Hišām sagte: Somit blieb uns nichts anderes übrig, als abzureisen. Wir baten Gott um Unterstützung für die Rückreise in unsere Heimat. Lob sei Gott mit Wort und Tat, in Ewigkeit!

Hier endet die Erzählung.

Literaturverzeichnis

Primärliteratur und Übersetzungen

[Abū l-ʿAlāʾ al-Maʿarrī:] *Šurūḥ Siqṭ az-zand,* Bd. 3, Kairo: Maṭbaʿa Dār al-kutub al-Miṣriyya, 1947.

Abū Tammām Ḥabīb Ibn Aus aṭ-Ṭāʾī: *Dīwān al-Ḥamāsa. Wa-huwwa mā iḫtārahū Abū Tammām Ḥabīb Ibn Aus aṭ-Ṭāʾī. Šarḥ at-Tibrīzī,* 2 Bde. in einem Bd., Beirut: Dār al-Qalam, o. J.

Ahlwardt, Wilhelm (Hrsg.): *The Divans of the six ancient Arabic poets Ennabiga ʿAntara, Tharafa, Zuhair, ʿAlqama and Imruulqais;* chiefly according to the Mss. of Paris, Gotha, and Leyden; and the Collection of their Fragments with a List of the various Readings of the Text. London: Trübner und Co., 1870.

Aḥmad Ibn Muḥammad aṯ-Ṯaʿlabī: *Qiṣaṣ al-anbiyāʾ al-musammā ʿarāʾis al-maǧālis,* hrsg. von ʿAbd-al-Laṭīf Ḥasan ʿAbd-ar-Raḥmān, Beirut: Dār al-kutub al-ʿilmiyya, [3]2009.

Aḥmad Fatḥī Zaġlūl: s. Demolins

Arberry, A. J.: *Poems of al-Mutanabbī. A Selection with Introduction, Translations and Notes,* Cambridge: University Press, 1967.

Baššār ibn Burd: *Dīwān,* hrsg. von Muḥammad aṭ-Ṭāhir b. ʿĀšūr, 2 Bde., Kairo 1950-1957.

–: *Selections from the Poetry of Baššār,* ed. with Translation and Commentary and an Introductory Sketch of Arabic Poetic Structures by A. F. L. Beeston, Cambridge 1977.

Demolins, Edmond: *Sirr taqaddum al-Inkilīz as-Saksūniyyīn [*franz. Orig.: *A quoi tient la supériorité des Anglo-Saxons],* tarǧamahū min al-luġa al-faransiyya Aḥmad Fatḥī Zaġlūl, Kairo: Maktabat at-Taraqqī, 1899.

Al-Hamaḏāni [sic]: *Maqāmāt (Séances),* choisies et traduites de l'arabe avec une étude sur le genre par Régis Blachère et Pierre Masnou, Paris: Librairie C. Klincksieck, 1957.

Al-Hamadhânî: *Vernunft ist nichts als Narretei. Die Maqâmen,* aus dem Arabischen vollständig übertragen und bearbeitet von Gernot Rotter, Tübingen: Erdmann, 1982.

al-Ḫaṭīb at-Tibrīzī: *Šarḥ dīwān al-Ḥamāsa „Abū Tammām",* 4 Bde. in 2 Bänden, Beirut: ʿĀlam al-kutub, [ca. 1980] [Nachdruck der Ausgabe Būlāq 1296 h. = 1879].

Muḥammad Muwayliḥī: *Ce que nous conta 'Îsâ Ibn Hichâm. Chronique satirique d'une Égypte fin de siècle,* traduit de l'arabe par Randa Sabry, Clichy: Editions du Jasmin, 2005.

–: *Trois Egyptiens à Paris. Suite de Ce que nous conta 'Issâ Ibn Hichâm,* traduit de l'arabe par Randa Sabry, Clichy: Editions du Jasmin, 2008.

Muḥammad ʿUmar: *Kitāb Ḥāḍir al Miṣriyyīn aw sirr taʿaḫḫurihim* [Die Gegenwart der Ägypter oder das Geheimnis ihres Rückstandes], Kairo: al-Maktab al-Miṣrī, 1998 [Nachdruck von 1902].

al-Mutanabbī: *Dīwān, mit dem Kommentar des ʿAlī ibn Aḥmad al-Wāḥidī,* hrsg. von Friederich Diederici, Bagdad: Muṯannā, o. J. [Nachdruck der Ausgabe Berlin 1861].

Nāṣīf al-Yāziǧī al-Lubnānī: *Kitāb al-ʿArf aṭ-ṭayyib fī šarḥ dīwān Abī ṭ-Ṭayyib,* Beirut: Maṭbaʿat al-Qadīs Gāwirǧiyūs, 1882.

Paret, Rudi (Übers.): *Der Koran,* Stuttgart [11]2010.

[Plutarch:] *Plutarch's Lives. With an English translation by Bernadotte Perrin,* Bd. 7: Demosthenes and Cicero. Alexander and Caesar, London: Heinemann, 1958.

Sirāǧ-ad-Dīn Abū Ḥafṣ ʿUmar Ibn al-Wardī: *Ḫarīdat al-ʿaǧāʾib wa-farīdat al-ġarāʾib,* Kairo: al-Maṭbaʿa al-ʿāmira aš-šarafiyya, 1316/1898.

[aṭ-Ṭabarī: [*Taʾrīḫ*]] *Annales quos scripsit Abu Djafar Mohammed ibn Djarir at-Tabari, cum aliis edidit M. J. de Goeje, 1,2,* Teheran 1965 [Nachdruck der Ausgabe Leiden 1881-1882].

–: [History] *The History of al-Ṭabarī. Vol. V. The Sāsānids, the Byzantines, the Lakhmids, and Yemen,* translated and annotated by C. E. Bosworth, New York 1999.

[Yāqūt: *Muʿǧam al-buldān*] *Jacut's geographisches Wörterbuch, aus den Handschriften zu Berlin, St. Petersburg und Paris,* herausgegeben von Ferdinand Wüstenfeld, 4 Bde., Teheran: Maktabat al-Asadī, 1965 [Nachdruck der Ausgabe Leipzig: F. A. Brockhaus, 1866-1870].

Sekundärliteratur

Allen, Roger: *A period of time. Part one. A study of Muḥammad al-Muwayliḥī's Ḥadīṯ ʿĪsā ibn Hišām,* Reading: Ithaca, 1992.

–: „al-Muwayliḥī", in: *EI²,* Bd. 7, Leiden 1993, S. 813-815.

–: „al-Muwayliḥī, Muḥammad", in: Julie Scott Meisami, Paul Starkey (Hrsg.): *Encyclopedia of Arabic Literature,* Bd. 2, London, New York: Routledge, 1998, S. 566-567.

–: „Muhammad al-Muwaylihī", in: ders. (Hrsg.): *Essays in Arabic Literary Biography 1850-1950,* Wiesbaden: Harrassowitz, 2010, S. 236-243.

Bawardi, Basiliyus: „First Steps in Writing Arabic Narrative Fiction: The Case of Ḥadīqat al-Akhbār", in: *Welt des Islams,* 48 (2008), S. 170-195.

Baykara, Tuncer: „Bodrum", in: Türkiye Diyanet Vakfi (Hrsg.): *İslâm Ansiklopedisi,* Bd. 6, Istanbul: Türkiye Diyanet Vakfi, 1992, S. 247-249.

Blachère, Régis: „ʿAntara", in: *EI²,* Bd. 1, Leiden 1960, S. 521-522.

–: „al-Farazdaḳ", in: *EI²,* Bd. 2, Leiden 1965, S. 788-789.

–: „Bashshār b. Burd", in: *EI²,* Bd. 1, Leiden 1960, S. 1080-1082.

–: „al-Hamadhānī", in: *EI²,* Bd. 3, Leiden 1971, S. 106-107.

Blachère, Régis, Charles Pellat: „al-Mutanabbī“, in: *EI²*, Bd. 7, Leiden 1993, S. 769-772.

Boustany, S.: „Ibn al-Rūmī“, in: *EI²*, Bd. 3, Leiden 1971, S. 907-909.

Brockelmann, Carl, Charles Pellat: „Maḳāma“, in: *EI²*, Bd. 6, Leiden 1991, S. 107-115.

Brockmeier, Alke: „Die Pariser Weltausstellung in deutschen Kulturzeitschriften“, in: Ulrich Mölk, Heinrich Detering (Hrsg.): *Perspektiven der Modernisierung. Die Pariser Weltausstellung, die Arbeiterbewegung, das koloniale China in europäischen und amerikanischen Kulturzeitschriften um 1900. Bericht über das Dritte und das Vierte Kolloquium der Kommission „Europäische Jahrhundertwende – Literatur, Künste, Wissenschaften um 1900 in grenzüberschreitender Wahrnehmung“ (Göttingen 19./20. Januar 2007 und 13./14. Februar 2009)*, Berlin, New York: De Gruyter, S. 25-40.

Duri, A. A.: „Baghdād“, in: *EI²*, Bd. 1, Leiden 1960, S. 894-908.

Ed.: „Ibn al-Wardī“, in: *EI²*, Bd. 3, Leiden 1971, S. 966.

Ed.: „Iram“, in: *EI²*, Bd. 3, Leiden 1971, S. 1370.

Ed.: „Thabīr“, in: *EI²*, Bd. 10, Leiden 2000, S. 427.

[EI²=] Pearson, Hilda (Hrsg.): Encyclopedia of Islam, 13. Bde., New Edition, Leiden: Brill [u. a.], 1960-2009.

Elger, Ralf: „Arabic Travelogues from the Mashrek 1700-1834. A Preliminary Survey oft he Genre's Development“, in: Christian Szyska und Friederike Pannewick (Hrsg.): *Crossing and Passages in Genre and Culture,* Wiesbaden: Reichert, 2003, S. 27-40.

Ende, Werner: *Europabild und kulturelles Selbstbewusstsein bei den Muslimen am Ende des 19. Jahrhunderts, dargestellt an den Schriften der beiden ägyptischen Schriftsteller Ibrahim und Muhammad al-Muwailihi,* Hamburg 1965 (Diss.).

[GAL G=] Brockelmann, Carl: *Geschichte der arabischen Litteratur,* zweite den Supplementbänden angepasste Auflage, 2 Grundbände, Leiden: Brill, 1943-1949.

[GAL S=] –: *Geschichte der arabischen Litteratur,* 3 Supplementbände, Leiden: Brill, 1937, 1938, 1942.

[GAS=] Sezgin, Fuat: *Geschichte des arabischen Schrifttums,* 15 Bde., Leiden: Brill, 1967–1995, ab Bd. 10: Frankfurt am Main: Verlag Institut für Geschichte der Arabisch-Islamischen Wissenschaften, 2000-2015.

Goldziher, Ignaz: *Abhandlungen zur arabischen Philologie. Teil 2: Das Kitâb al-Muʿammarîn des Abû Ḥâtim al-Siǧistânî,* Leiden 1899.

Göske, Daniel: „The beautiful Mecca of a peaceful invasion‘: Die Pariser Weltausstellung von 1900 in britischen und amerikanischen Kulturzeitschriften“, in: Ulrich Mölk, Heinrich Detering (Hrsg.): *Perspektiven der Modernisierung. Die Pariser Weltausstellung, die Arbeiterbewegung, das koloniale China in europäischen und amerikanischen Kulturzeitschriften um 1900. Bericht über das Dritte und das Vierte Kolloquium der Kommission „Europäische Jahrhundertwende – Literatur, Künste, Wis-*

senschaften um 1900 in grenzüberschreitender Wahrnehmung" (Göttingen 19./20. Januar 2007 und 13./14. Februar 2009), Berlin, New York: De Gruyter, S. 41-58.

Grabar, O.: „Īwān", in: *EI²*, Bd. 4, Leiden 1978, S. 287-298.

Guth, Stephan: *Brückenschläge. Eine integrierte ‚turkoarabische' Romangeschichte (Mitte 19. bis Mitte 20. Jahrhundert)*, Wiesbaden: Reichert, 2003.

Haist, Andrea: *Der ägyptische Roman. Rezeption und Wertung von den Anfängen bis 1945*, Wiesbaden: Reichert, 2000.

Hämeen-Anttila, Jaakko: *Maqama. A History of a Genre*, Wiesbaden: Harrassowitz, 2002.

Haywood, John A.: *Modern Arabic Literature 1800 to 1970. An Introduction with Extracts in Translation*, London: Lund Humphries, 1971.

Heath, Peter: *The thirsty sword: Sīrat ʿAntar and the Arabic popular epic*, Salt Lake City: University of Utah, 1996.

Heller, B., N. A. Stillmann: „Luḳmān", in: *EI²*, Bd. 5, Leiden 1986, S. 811-813.

Hinz, Walter: *Islamische Masse und Gewichte. Umgerechnet ins metrische System*, Leiden, Köln: Brill, 1970.

Knackstedt, Knut: *„Geheimbund"?: Yi He Ch'üan. Ein ethnologischer Beitrag zur Neubewertung des interdisziplinär relevanten Geheimbundbegriffs am Beispiel der „Boxer" in China (1774–1900)*, Münster: LIT, 2002.

Kuß, Susanne (Hrsg.): *Das Deutsche Reich und der Boxeraufstand*, München: Iudicium, 2002.

Lane, Edward William: *An Arabic-English Lexicon*, Derived from the Best and the Most Copious Eastern Sources, hrsg. von Stanley Lane Pool, Bd. 2, Cambridge 1984 (Nachdruck der Ausgabe London: Williams and Norgate, 1877).

Larkin, Margaret: al-Mutanabbī: *Voice of the ʿAbbasid Poetic Ideal*, Oxford: Oneworld Publ., 2008.

Leutner, Mechthild (Hrsg.): *Kolonialkrieg in China. Die Niederschlagung der Boxerbewegung 1900–1901*, Berlin: Links, 2007.

Luciani Opera, recognovit brevique adnotatione critica intruxit Matthew Donald Macleod, Bd. 4: Libelli 69-86, London u. a.: Oxford University, 1987.

Lyons, Malcolm C.: *The Arabian Epic. Heroic and oral story-telling*, 3 Bde., Cambridge: University Press, 1995.

Al-Maaly, Khalid und Mona Naggar: *Lexikon arabischer Autoren des 19. und 20. Jahrhunderts*, Heidelberg: Palmyra, 2004.

Mölk, Ulrich: „Die Pariser Weltausstellung in der *Revue franco-allemande*, der *Revue des deux mondes* und dem *Mercure de France*", in: Ulrich Mölk, Heinrich Detering (Hrsg.): *Perspektiven der Modernisierung. Die Pariser Weltausstellung, die Arbeiterbewegung, das koloniale China in europäischen und amerikanischen Kulturzeitschriften um 1900. Bericht über das Dritte und das Vierte Kolloquium der Kommission „Europäische Jahrhundertwende – Literatur, Künste, Wissenschaften um 1900 in grenz-*

überschreitender Wahrnehmung" (Göttingen 19./20. Januar 2007 und 13./14. Februar 2009), Berlin, New York: De Gruyter, 2010, S. 15-24.

Moosa, Matti: *The Origins of Modern Arabic Fiction,* Boulder, London: Lynne Rienner, ^{2}1997.

Moreh, Shmuel: „The Arabic Novel between Arabic and European Influences during the Nineteenth Century", in: Shmuel Moreh: *Studies in Modern Arabic Prose and Poetry,* Leiden u. a.: Brill, 1988, S. 88-115.

Morony, M.: „Kisrā", in: *EI²,* Bd. 5, Leiden 1986, S. 184-185.

Muth, Franz-Christoph: *Eine Konkordanz zur Ahlwardtschen Ausgabe der Gedichte von ʿAntara Ibn Šaddād al-ʿAbsī,* Wiesbaden: Harrassowitz, 2001.

A. Northedge: „Sāmarrāʾ", in: *EI²,* Bd. 8, Leiden 1995, S. 1039-1041.

Pellat, Charles: „(al-)Ḥusayn b. al-Ḍaḥḥāk", in: *EI²,* Bd. 3, Leiden 1971, S. 617-619.

–: „al-Buḥturī", in: *EI²,* Bd. 1, Leiden 1960, S. 1289-1290.

Pinckney Stetkevych, Suzanne: *Abū Tammām and the Poetics oft he ʿAbbāsid Age,* Leiden u. a.: Brill, 1991.

Ritter, Hellmut: „Abū Tammām", in: *EI²,* Bd. 1, Leiden 1960, S. 153-155.

Schaade, A., H. Gaetje: „al-Djarīr", in: *EI²,* Bd. 2, Leiden 1965, S. 479-480.

Shahid, Irfan: „ʿUkāẓ", in: *EI²,* Bd. 10, Leiden, S. 789.

Smoor, P.: „al-Maʿarrī", in: *EI²,* Bd. 5, Leiden 1986, S. 927-935.

Taeschner, Franz: „Der Bericht des arabischen Geographen Ibn al-Wardi über Konstantinopel", in: Hans von Mžik (Hrsg.): *Beiträge zur historischen Geographie, Kulturgeographie, Ethnographie und Kartographie, vornehmlich des Orients. Festschrift für Eugen Oberhummer,* Wien: 1929, S. 84-91 (eingesehen bei Fuat Sezgin (Hrsg.): *Studies on al-Waṭwāṭ (d. 1318), ad-Dimašqī (d. 1327), Ibn al-Wardī (d. c. 1446) and al-Bākuwī (15th cent.)* (Islamic Geography, 205), Frankfurt am Main: Institut für Geschichte der Arabisch-Islamischen Wissenschaften, 1994, S. 188-195).

Stowasser, Karl (Hrsg.): *Ein Muslim entdeckt Europa. Bericht über seinen Aufenthalt in Paris 1826-1831,* Beck: München, 1989.

Streck, M., M. Morony: „al-Madāʾin", in: *EI²,* Bd. 5, Leiden 1986, S. 945-946.

Tiemann, Ingeborg: *Die Deutung des Minotauros von den ältesten Quellen bis zum frühen Mittelalter (met een samenvatting in het Nederlands),* Utrecht: Rijksuniv., Diss., 1992.

Ullendorff, E.: „Bilḳīs", in: *EI²,* Bd. 1, Leiden 1960, S. 1219-1220.

Vajda, G.: „Hāmān", in: *EI²,* Bd. 3, Leiden 1971, S. 110.

–: „Hārūt wa-Mārūt", in: *EI²,* Bd. 3, Leiden 1971, S. 236-237.

Vatikiotis, P. J.: *The History of Modern Egypt. From Muhammad Ali to Mubarak,* London: Weidenfeld and Nicolson, 1991.

Vaux, B. Carra de, H. Masse: „Dārā, Dārāb", in: *EI²,* Bd. 2, Leiden 1965, S. 132-133.

Walker, J., P. Fenton: „Sulaymān b. Dāwūd", in: *EI²,* Bd. 9, Leiden 1997, S. 822-824.

Watt, W. Montgomery: „Badr“, in: *EI*², Bd. 1, Leiden 1960, S. 867-868.

Watt, William Montgomery, M. V. McDonald (Übers.): *The History of al-Ṭabarī, Bd. 7: The Foundation of The Community,* Albany (N. Y.): State University of New York Press, 1987.

Wensinck, J. G., G. Vajda: „Firʿawn“, in: *EI*², Bd. 2, Leiden 1965, S. 917-918.

Wenzel-Teuber, Wendelin: *Die Maqamen des Hamadhani als Spiegel der islamischen Gesellschaft des 4. Jahrhunderts der Hidschra,* Würzburg: Ergon, 1994.

Wörner, Martin: *Vergnügung und Belehrung. Volkskultur auf den Weltausstellungen 1851-1900,* Münster u. a.: Waxmann, 1999.

MUSLIMISCHE WELTEN

EMPIRISCHE STUDIEN ZU GESELLSCHAFT, POLITIK UND RELIGION

ISSN 1869-9049

Herausgegeben von
Escher, Anton – Klinkhammer, Gritt – Reichmuth, Stefan – Salvatore, Armando – Schiffauer, Werner – Stauth, Georg – Thielmann, Jörn

Eine stets aktualisierte Liste der in dieser Reihe erscheinenden Titel finden Sie auf unserer Homepage http://www.ergon-verlag.de

Band 1
Escher, Anton – Petermann, Sandra
Tausendundein Fremder im Paradies?
Ausländer in der Medina von Marrakech
Mit gesondertem Tafelteil
2009. 276 S. Fb.
€ 48,00 978-3-89913-487-2

Band 2
Schrode, Paula
Sunnitisch-islamische Diskurse zu Halal-Ernährung
Konstituierung religiöser Praxis und sozialer Positionierung unter Muslimen in Deutschland
2010. 388 S. Kt.
€ 45,00 978-3-89913-816-0

Band 3
Spielhaus, Riem
Wer ist hier Muslim?
Die Entwicklung eines islamischen Bewusstseins in Deutschland zwischen Selbstidentifikation und Fremdzuschreibung
2011. 225 S. Kt.
€ 29,00 978-3-89913-848-1

Band 4
Kriener, Jonathan Sixtus
Lebanese – But How?
Secular and Religious Conceptions of State and Society at Lebanese Schools
2011. XVIII/293 S.
zahlr. z.T. farb. Tab. u. Abb. Kt.
€ 38,00 978-3-89913-858-0

Band 5
Schrode, Paula – Simon, Udo (Hrsg.)
Die Sunna leben
Zur Dynamik islamischer Religionspraxis in Deutschland
2012. 250 S. Kt.
€ 35,00 978-3-89913-722-4

Band 6
Martens, Silvia
Muslimische Wohltätigkeit in der Schweiz
2013. 425 S.
zahlr. Tab. u. Abb. Fb.
€ 58,00 978-3-89913-995-2

Band 7
al-Muwayliḥī, Muḥammad
Die Erzählung des ʿĪsā ibn Hišām. Die zweite Reise
Aus dem Arabischen übersetzt von *Yasemin Gökpinar* und *Kameran Hudsch*
2014. 90 S. Kt.
€ 18,00 978-3-95650-025-1

ERGON VERLAG · WÜRZBURG

Zeitfracht Medien GmbH
Ferdinand-Jühlke-Straße 7
99095 Erfurt, Deutschland
produktsicherheit@kolibri360.de